ENCYCLOPÉDIE-RORET.

LUTHIER

AVIS.

Le mérite des ouvrages de l'**Encyclopédie-Roret** leur a valu les honneurs de la traduction, de l'imitation et de la contrefaçon. Pour distinguer ce volume, il porte la signature de l'Editeur, qui se réserve le droit de le faire traduire dans toutes les langues, et de poursuivre, en vertu des lois, décrets et traités internationaux, toutes contrefaçons et toutes traductions faites au mépris de ses droits.

Le dépôt légal de cet ouvrage a été fait dans le cours du mois de juin 1869, et toutes les formalités prescrites par les traités ont été remplies dans les divers Etats avec lesquels la France a conclu des conventions littéraires.

EN VENTE A LA MÊME LIBRAIRIE :

Mémoire sur la Construction des Instruments à Cordes et à Archet, par Félix Savart. 1 vol. in-8, accompagné de planches. . . . . 3 fr.

Manuel de l'Accordeur de Pianos, mis à la portée de tout le monde, par M. Giorgio Armellino. 1 vol. in-18, accompagné de planches. . . . . 1 fr. 25

MANUELS-RORET

NOUVEAU MANUEL COMPLET
DU
LUTHIER

CONTENANT

LA CONSTRUCTION INTÉRIEURE ET EXTÉRIEURE
DES INSTRUMENTS A ARCHET

TELS QUE

le Violon, l'Alto, la Basse et la Contrebasse,
ainsi que celle de la Guitare ;
et traitant
de la confection de l'Archet ;
de la Fabrication des Cordes harmoniques employées par le luthier,
et de la Fabrication des diverses cordes,
dites à boyaux, employées dans l'Industrie.

PAR MESSIEURS
J.-C. MAUGIN ET W. MAIGNE.

OUVRAGE ACCOMPAGNÉ DE PLANCHES

PARIS
LIBRAIRIE ENCYCLOPÉDIQUE DE RORET
RUE HAUTEFEUILLE, 12.
1869
Droits de reproduction et de traduction réservés.

MANUEL DU LUTHIER.

PREMIÈRE PARTIE.

CHAPITRE PREMIER.

Du violon et de ses rapports avec les autres instrumens à archet, tels que l'alto ou quinte, la basse ou violoncelle et la contre-basse.

Bien que le violon soit peut-être l'instrument le plus connu et le plus généralement répandu dans le monde musical, il est encore bien des personnes qui ne se doutent pas de combien de pièces est composé cet instrument.

Plusieurs fois on m'a demandé si ce n'était pas en soumettant la table et le fond, d'abord à l'action de la vapeur et ensuite à une forte pression, qu'on parvenait à donner une forme voûtée à ces deux pièces.

Le violon, quand le fond et la table sont chacun d'une seule pièce, est composé de soixante-neuf parties, et de soixante-onze, quand le fond et la table sont chacun de deux pièces.

Il y a dans cet instrument,

2 pièces pour le fond,
2 — pour la table,
6 — pour les coins et les tasseaux,
6 — pour les éclisses,
12 — pour les contre-éclisses,
1 — pour la barre,
24 — pour les filets,
1 — pour le grand sillet,
1 — pour le manche,
1 — pour la touche,
1 — pour le petit sillet,
2 — pour le cordier,
1 — pour l'attache du cordier,
1 — pour le bouton,
4 — pour les chevilles,
4 — pour les cordes,
1 — pour l'ame,
1 — pour le chevalet.

En tout soixante-onze pièces qui, réunies, semblent pour ainsi dire n'en former qu'une.

On emploie trois espèces de bois pour la construction du violon.

Ces bois sont l'érable ou plane, le sapin et l'ébène.

C'est le plane qui fournit le fond, le manche, les éclisses et le chevalet.

On tire du sapin, la table, la barre, les coins, les tasseaux, les contre-éclisses et l'ame.

L'ébène sert à façonner la touche, les sillets, les chevilles, le cordier et le bouton qui lui sert de point d'appui.

On donne au fond et à la table la forme qui leur est particulière au moyen de plusieurs outils tranchans, tels que des gouges, des petits rabots, des canifs.

Le manche est sculpté.

Les éclisses et les contr'éclisses sont rabotées et pliées ensuite par le moyen de l'eau et d'un fer chaud.

Les autres instrumens à archet se fabriquent d'après les mêmes procédés que le violon; il n'y a de différence qu'entre leurs proportions qui vont toujours croissant jusqu'à la contre-basse.

L'alto ou quinte que l'on accorde cinq tons plus bas que le violon, a environ un septième de plus dans sa dimension. C'est de la manière de l'accorder que l'alto prend quelquefois le nom de quinte.

La basse ou violoncelle qui s'accorde à l'octave au-dessous de l'alto a, dans ses proportions, le double du violon.

La contre-basse a une proportion à peu près double de la basse. Son plus ou moins grand volume dépend des orchestres plus ou moins nombreux auxquels est destiné cet instrument. En Allemagne, où la contre-basse est bien plus en usage qu'en France, on en voit de toutes sortes de proportions.

Au reste nous reviendrons en temps et lieu sur les dimensions exactes de chacun de ces instrumens.

CHAPITRE II.

Des bois employés pour la lutherie.

Le choix du bois est une des choses essentielles dans l'art de confectionner les instrumens.

C'est du plane et du sapin que dépend entièrement le son des instrumens à archet. Le luthier le plus habile ne fera jamais un bon violon avec du bois de mauvaise qualité. Aussi, avant de mettre la main à l'œuvre, l'ouvrier a-t-il grand soin de se procurer le bois convenable.

Le vieux bois est sans contredit le meilleur que l'on puisse employer, quand à l'âge il réunit les autres qualités que nous indiquerons tout à l'heure. Cependant le bois qui a cinq à six ans de coupe, qui a été abattu vers le mois de janvier, et conservé dans un lieu sec et aéré, à l'abri de l'intempérie des saisons, est très-propre à faire de bons instrumens.

Le plane doit être bien sain, sans nœuds, sans gerçures. Ses fibres doivent courir en ligne droite dans sa longueur, et ne pas décrire de courbes. Trop dur, ce bois ne produit que des sons aigres; la note tirée d'un instrument fabriqué avec du bois de cette espèce, ne vibre que quelque instant après le coup d'archet frappé sur la corde; trop tendre, ce bois fait rendre à l'instrument des sons sourds et sans le moindre éclat. Ce bois trop passé ne vaut pas mieux que celui trop récemment coupé.

Il faut éviter de se servir de plane que les vers auraient attaqué même légèrement; tôt ou tard ces vers continueront le ravage qu'ils ont commencé.

Aujourd'hui presque tous les luthiers n'emploient qu'un seul morceau pour les fonds. Ce procédé ne peut qu'être approuvé, d'abord parce qu'il ne nuit en rien au son, ensuite parce qu'il rend l'instrument plus solide. J'ai vu beaucoup de beaux et de bons instrumens anciens qui, ayant été décollés au joint du fond, et ayant été mal réparés, avaient par là perdu tout le gracieux de leurs belles formes et de leur bonté; quand, tombés en des mains mal-habiles, le joint n'avait pas été resserré régulièrement, et que l'une des deux parties débordant l'autre, on avait raclé en dedans et en dehors la partie qui débordait celle voisine.

C'est en Suisse et principalement dans les cantons de Schwytz et de Lucerne que l'on trouve à se procurer le plus beau plane; mais on n'en trouve pas de sec; ainsi, celui que l'on achette rait dans ces pays devrait rester au moins cinq ans avant d'être employé.

A Paris, à Mirecourt et dans plusieurs villes de grand commerce de France, on trouve de très-beau bois sec, mais naturellement son prix est bien plus élevé surtout quand ses ondes régulièrement disposées le rendent propre à faire un bel instrument.

J'ai lu dans un ouvrage italien sur la lutherie, que les célèbres maîtres de Crémone employaient souvent un bois nommé azarole, et qui, provenant du midi de la province du Tyrol, était préférable aux bois de la Suisse. Je ne connais pas ce bois, mais je sais que les luthiers italiens apportaient tous leurs soins, non-seulement à se procurer des bois crus sur des côtes exposées au midi, mais qu'ils prenaient encore de préférence pour leurs ouvrages la partie qui avait été exposée au midi pendant la croissance de l'arbre.

Enfin il faut éviter de se servir de plane qui ait des taches, soit rouges, soit brunâtres. Celui qui a une teinte blanche régulière est le préférable.

Le sapin doit être blanc; celui dont le grain est trop fin ne vaut pas mieux que celui dont les fibres sont trop éloignées entre elles. Il faut bien se garder d'employer celui qui a une couleur rougeâtre, car il a cru dans des lieux humides. Il ne doit être ni trop dur ni trop tendre; ses veines doivent être régulièrement séparées entre elles d'une ligne environ ; elles doivent tomber perpendiculairement du dessus de la table au-dessous, et ne pas être disposées en biais ; elles doivent être en ligne droite dans la longueur du violon, et ne pas décrire de lignes courbes. Le moindre nœud, le moindre défaut doivent faire rejeter la table qui en est tachée.

Avant de finir ce chapitre, je crois devoir faire part ici d'une expérience qui fut faite sur un fond et une table de basse dont l'on voulut faire un instrument soigné. Par un mal-entendu, la basse ne fut pas confectionnée comme on le désirait, mais toujours a-t-on obtenu le résultat suivant. C'est à M. H. Wey, amateur distingué de Besançon, où je demeurais alors, que l'on doit l'essai suivant.

On soumit à la vapeur de la pompe à feu de ce monsieur, le fond et la table bruts : ces deux pièces restèrent pendant vingt-quatre heures dans le réservoir, disposé pour l'expérience. Au bout de ce temps on exposa à l'air ces deux morceaux de bois que l'on avait pesés avant que la vapeur eût été employée contre la sève qu'ils pouvaient contenir.

Ma mémoire ne me fournit plus le poids des morceaux avant l'opération, mais je me rappelle que si le fond avait peu perdu de son poids, la table avait diminué de trois onces et demie, chose qui m'a paru énorme, attendu que ce sapin était déjà très-vieux avant l'expérience.

Le sapin est le seul bois dont on se soit jamais servi pour les tables des instrumens à archet, mais il n'en est pas de même du bois employé pour les fonds. Je ne parlerai pas du bois des éclisses, car ces dernières n'influent en rien sur la qualité du son; mais j'ai vu des instrumens dont les fonds étaient en noyer, en peuplier et autres bois : aucun de ces instrumens ne m'a paru bon; d'ailleurs le plane bien ondé, outre son élasticité, contribue puissamment à embellir le violon, et je ne pense pas qu'en rien il faille négliger de joindre, quand on le peut sans inconvénient, l'utile à l'agréable.

CHAPITRE III.

Description des outils servant à la construction des instrumens à archet.

Les outils nécessaires au luthier sont l'établi, les valets, la varlope, le villebrequin, les mèches, les ciseaux, les bédannes, les gouges, le compas, le troussequin, l'équerre, les scies, la meule, la pierre à affiler et les limes.

Tous ces outils étant en tous points semblables à ceux des ébénistes, des menuisiers et d'une foule d'autres ouvriers en bois, nous ne les décrirons pas ici. Nous dirons cependant que l'établi du luthier ne diffère de celui du menuisier qu'en ce qu'il est moins long. Un établi dont la feuille a trois pieds et demi de long sur vingt pouces de large, suffit au luthier. Trois scies suffisent à la confection des instrumens dont nous avons à parler.

La première, montée à l'allemande et longue de trente pouces, sert à refendre les gros morceaux.

La seconde, qui servira à chantourner, est une lame de trois à quatre lignes de large sur deux pieds de long.

Enfin, la troisième est une petite scie à main, à dents fines, faite ordinairement d'un ressort de pendule, et qui sert à rogner les pièces de peu de volume, et celles qui sont les plus délicates.

Trois ciseaux, un d'un pouce de large, un autre de quatre à cinq lignes, et enfin un petit de deux lignes, sont suffisans.

Les gouges, au nombre de douze, doivent être de pur acier. La plus petite a une ligne de taillant, et la plus grosse un pouce. On voit qu'elles se suivent progressivement de ligne en ligne. Ces outils servent à creuser les voûtes du fond et de la table, et à sculpter la volute du manche.

Les outils particuliers à la lutherie sont les rabots en fer, les canifs, les racloirs, le compas d'épaisseur, le traçoir, le fer à plier, la pointe aux ames, les harpes, les vis, les pinces à barres, les pincettes et la lousse.

Du grand rabot en fer.

Le grand rabot en fer sert à dresser les pièces d'un petit volume qu'on ne pourrait travailler avec la varlope, comme le plat du manche, la superficie de la touche.

La figure n° 1 représente ce rabot vu de côté. Le n° 2 représente le plat du rabot : ce plat se nomme la semelle. Cette pièce, qui est la base de l'outil, a deux lignes et demie d'épaisseur, sept pouces de longueur et dix-neuf lignes de largeur. Les deux lettres *a a* indiquent la lumière du rabot qui a une ligne d'ouverture. Cette lumière se trouve placée à dix-huit lignes de la tête de la semelle.

Le pourtour du rabot qui suit entièrement le contour de la semelle à laquelle il est soudé, est une bande de fer de deux lignes d'épaisseur, qui laisse dans l'intérieur du rabot la place nécessaire pour y loger les trois pièces n° 3, 4 et 5. Ce n° 5 est un morceau de bois sur lequel se place la lame du rabot n° 4, ayant son biseau en dessus. Le n° 3 est un coin de fer servant à serrer et maintenir fixe la lame sur le coin de bois n° 5. Ce coin de fer n° 3 se trouve donc comprimé d'un côté par la lame, et de l'autre par la cheville *x* de la figure n° 1. Cette cheville, qui est ronde et a trois lignes de diamètre, se trouve placée et rivée dans les trous pratiqués dans les deux parois du rabot, et en regardant la figure n° 6, vous voyez le rabot monté et prêt à agir.

Des petits rabots en fer.

Les petits rabots en fer sont différens de celui que nous venons de décrire, en ce que leur semelle, au lieu d'être plate, est demi ronde sur toute leur surface, tant en long qu'en large. Les fig. n°s 7 et 8 vous représentent un de ces rabots, qui du reste est absolument confectionné comme le premier que nous avons décrit.

Voilà les dimensions que doit avoir le plus petit rabot : longueur, quinze lignes ; largeur, sept lignes au centre de la semelle ; ouverture de la lumière, trois quarts de ligne ; sa voûte en long et en large, une ligne. Toutes ces dimensions sont applicables à la semelle, qui est la base du rabot.

Le luthier doit avoir encore deux autres rabots, en tout semblables à celui que nous venons de décrire le dernier. Le premier de ces deux rabots aura dix-huit lignes de long, neuf lignes de large, toujours à la semelle, et la même voûte que le précédent.

Le second aura vingt-sept lignes de long, onze lignes de large et la même voûte.

Les fig. nos 7 et 8 représentant au naturel le petit rabot et la pente exacte de la lame, on n'aura qu'à suivre ce modèle en tout point.

La lame du plus petit de ces rabots est une feuille d'acier d'un tiers de ligne d'épaisseur. La lame du moyen petit rabot aura deux tiers de ligne d'épaisseur ; et enfin celle du plus gros des petits rabots, une ligne.

Ces lames ont le biseau en dessous comme la varlope, et en cela les petits rabots diffèrent du grand rabot en fer, qui a le biseau de sa lame tourné en dessus.

Des canifs.

La figure n° 9 représente un canif. Ces outils ne sont autre chose que des lames d'acier d'une ligne à une ligne et demie d'épaisseur, limées dans la forme de la figure ci-dessus indiquée.

La partie comprise entre les deux *a a* et les deux *b b* est, comme on le voit, percée de deux trous qui servent à ajuster, sur les côtés, deux morceaux de bois destinés à former le manche que l'on fixe au moyen de deux clous rivés à la manière des couteliers. Le côté *c c* de la pointe est celui qui deviendra le tranchant quand le canif aura été aiguisé sur la meule. Il faut avoir trois ou quatre de ces outils. Le plus grand aura trois pouces de lame, et le plus petit un pouce.

Ces canifs étant destinés à couper des bois très-durs, il faut qu'ils soient de très-bon acier et trempés au plus dur.

Des racloirs.

Les racloirs sont des feuilles d'acier fin, assez semblables à ceux dont se servent les ébénistes. Ils en diffèrent cependant par leur forme, presque toujours arrondie, et par leur taillant qui est à biseau.

Voilà comment on s'y prend pour façonner les racloirs dont on peut avoir besoin. On verra plus tard que pour que ces outils puissent servir, il faut qu'ils aient le taillant plus ou moins arrondi.

On achète donc chez un quincaillier un racloir qui est une feuille d'acier trempé, de cinq pouces environ de long, sur deux pouces à deux pouces et demi de large. On casse ce racloir en trois ou quatre morceaux, au moyen de l'étau d'un serrurier, et on affûte sur la meule ces morceaux du côté de la cassure. On les affûte de manière à leur donner une forme plus ou moins ronde, pour qu'on puisse s'en servir pour racler dans les voûtes plus ou moins profondes des tables, des fonds, du manche, etc. On donne à un autre une forme angulaire qui lui permette d'atteindre les enfoncemens qui doivent être raclés, comme le pied du manche là où il s'enclave dans les éclisses.

On affûte ces petits outils sur la meule comme si l'on voulait affûter un fer de rabot; on rabat le fil avec la pierre à aiguiser, et quand le tranchant est bien égal et bien vif, on renverse le taillant du côté opposé au biseau.

Nous allons expliquer comment se fait ce renversement de fil. On prend une vieille lime ronde de deux à trois lignes de diamètre; on use toutes ses dents sur la meule, on fait ensuite disparaître avec la pierre à aiguiser les traces qu'a laissées la meule sur la lime qui devient ainsi ce qu'on nomme un brunissoir. Prenant alors dans la main gauche le racloir ayant son biseau tourné du côté de la main droite, on pose le brunissoir sur le taillant, et on passe en appuyant également sur ce taillant le brunissoir d'un bout à l'autre du racloir, qui alors se trouve avoir un petit rebord du côté opposé du biseau. L'outil peut dès-lors racler proprement et sans faire de rayures.

Du compas d'épaisseur.

La figure n° 10 représente le compas d'épaisseur. Cet outil, pour le violon, doit avoir une proportion telle qu'il puisse prendre les épaisseurs du fond et de la table dans toutes ses parties, et comme il servira aussi pour l'alto, il faut qu'il soit cinq fois plus grand que la figure qui le représente.

Cet outil est tout en fer. Le moment venu de s'en servir, on trouvera l'explication détaillée de son usage.

Du traçoir.

La figure n° 11 représente cet outil qui est fort ressemblant à un compas d'horloger qui aurait une jambe de six lignes plus courte que l'autre. Ce traçoir est tout en acier. Sa jambe la plus courte se termine par un petit taillant b, qui sert à tracer, sur les fonds et sur les tables des instrumens, la rainure destinée à recevoir les filets. Sa partie arrondie *a* doit faire ressort pour qu'en écartant plus ou moins ses jambes, elles puissent rester au point que désire l'ouvrier.

Au moment de se servir de cet outil, on trouvera la manière de s'en servir expliquée. Sa dimension est le double de la figure n° 11.

Du fer à plier.

La figure n° 12 représente le fer à plier. La petite ovale *c*, qui se trouve à côté de la figure, est la forme du fer à plier vu debout. La partie où se trouve renfermée la lettre B est, à proprement parler, le fer à plier lui-même, car la partie A ne lui sert que de manche, tantôt pour le faire chauffer, tantôt pour le fixer sur l'établi, au moyen d'un valet.

La partie B du fer à plier a six pouces de long. Son diamètre dans la partie la plus large de l'ovale est de deux pouces, et dans la plus étroite d'un pouce.

La partie A, qui est surmontée d'un anneau, a un pouce sur chacune de ses quatre faces, et deux pieds de longueur.

De la pointe aux ames.

La figure n° 13 représente la pointe aux ames vue de face, et la figure n° 14 le même outil vu de profil.

Cet outil doit avoir huit pouces de longueur sur une forte ligne d'épaisseur : il doit être d'acier non trempé.

Des harpes.

La figure n° 15 représente une harpe à violon. Son ouverture du point A au point B est de trois pouces et demi. La largeur du point C au point D est d'un pouce. Enfin, l'épaisseur vue de côté est de trois lignes. Sa vis a cinq lignes de diamètre. Son usage sera décrit en temps utile.

Des vis.

La figure n° 16 représente une vis à violon. La longueur de la vis du point A au point B est de trois pouces. L'écrou C a un pouce d'épaisseur, et il doit avoir six lignes de saillie sur le pas de vis. La tête de l'outil doit avoir les mêmes proportions.

Observations. Ces outils sont tous de bois : il est bon de garnir les mâchoires qui doivent presser sur le violon avec du vieux drap, pour éviter de faire des foulures à l'instrument.

Enfin, il faut de temps à autre savonner les vis pour qu'elles jouent facilement.

Il faut seize à dix-huit vis pour un violon.

Des pinces à barres.

La figure n° 17 représente une de ces pinces qui n'est autre chose qu'un morceau de bois de hêtre de six lignes d'épaisseur sur un pouce de large au bout A, et deux pouces au bout B : sa longueur est de neuf pouces.

Son entaille au bout B est d'un pouce et va mourir en pointe, comme on le voit à la figure, à trois pouces du bout A.

Des pincettes.

La figure n° 18 représente ce genre d'outil, qui est un petit morceau de bois de deux pouces de long sur trois lignes d'épaisseur et cinq lignes de largeur. L'entaille du milieu de ce morceau doit avoir au point A une ligne et demie d'ouverture, et s'élargir un peu vers le bout B.

Observations. Il faut avoir soin d'égaliser le plus possible les faces intérieures des entailles de ces deux derniers outils, pour éviter les foulures à la table et aux cercles.

De la lousse.

La lousse est un outil qui sert à donner aux trous des chevilles et des boutons la forme conique qu'ils doivent avoir : cet outil est d'acier trempé. On trouve facilement à l'acheter tout prêt chez les quincailliers. La figure 39 la représente dans une proportion de trois quarts plus petite qu'elle ne doit être au vrai. Cet outil a besoin d'être toujours parfaitement affilé pour en obtenir des trous bien cylindriques.

Tous les outils que nous venons de décrire ici sont propres à la construction du violon et de l'alto.

Quelques-uns d'entr'eux peuvent servir également à établir les basses, les contre-basses et les guitares, mais d'autres, vu leurs petites dimensions, ne peuvent atteindre ce but. Ce sont les vis, le compas d'épaisseur, la pointe aux ames, les harpes, les pinces à barres et les pincettes. Il faut donc que ces derniers outils soient établis dans la proportion convenable aux ouvrages pour lesquels ils devront servir, et pour seul exemple je dirai qu'il faut des vis particulières pour le violon, la guitare, la basse et la contre-basse. Au reste, grands ou petits, ces outils devant toujours produire le même effet, quelle qu'en soit leur proportion, on s'en sert d'une seule et même manière.

Enfin, pour en finir sur les outils, je dirai qu'il ne faut rien négliger pour se procurer de bons outils si l'on veut réussir dans la lutherie qui est assez difficile par elle-même, pour qu'on emploie tous les moyens possibles pour arriver au but; or les bons outils aident à bien faire.

CHAPITRE IV.

Des Modèles servant à donner la forme nécessaire aux différentes parties du violon. Manière de confectionner ces modèles. De la colle.

Les modèles sont des planchettes de bois de plane, rabotées à une ligne d'épaisseur, et qui, représentant avec une exactitude parfaite les profils et les contours des différentes parties de l'instrument, servent à les tracer pour ensuite leur donner la forme convenable. Ces modèles doivent être tracés et découpés avec le soin le plus minutieux, car de ce travail dépend absolument la beauté et la bonté de l'ouvrage.

La figure n° 19 représente le modèle du fond et de la table.

La figure n° 20 représente la voûte du fond et de la table prise dans leur longueur respective.

La figure n° 21 représente la voûte prise en travers de l'instrument dans sa plus grande largeur.

La figure n° 22 donne la voûte aussi prise en travers du centre des deux ff.

La figure n° 23 représente la voûte prise en

travers de la plus grande largeur du violon, dans sa partie qui est voisine du manche.

La figure n° 24 représente la coupe et l'emplacement des ff.

Enfin, la figure n° 25 représente la volute du manche de l'instrument.

Le moyen le plus sûr de tracer un beau modèle de violon est de se procurer un beau violon d'auteur. On entend par violons d'auteurs ceux qu'ont fait, il y a cent et quelques années, les Stradivarius, les Amatius, les Stainer, les Guarnerius.

Ayant donc raboté, à une ligne d'épaisseur environ, une planchette de plane ou de tout autre bois dur, et ayant soin de donner à cette planchette une dimension en longueur et en largeur, un peu plus forte que celle du violon que vous voulez copier, il faut détabler le violon qui doit vous servir de modèle.

Détabler un violon, c'est séparer du corps de l'instrument la table qui est collée sur les éclisses. Pour bien réussir dans cette opération, il faut de la patience et beaucoup de précaution pour ne pas briser la table ni ses bords, car l'un et l'autre sont fort fragiles. Il faut se servir à cet effet d'un couteau destiné à cet usage. Ce couteau, qui ne doit pas couper, doit cependant être assez mince des deux côtés et à son extrémité qui est arrondie, pour qu'il puisse facilement se faire jour entre les éclisses et la table;

petit-à-petit, et tenant le pouce de la main gauche sur la partie de la table que vous séparez des éclisses, vous venez à bout de cette opération qui n'est rien pour le luthier qui a la main exercée. Je ne peux pas mieux comparer le couteau dont je viens de parler, qu'à un plioir de relieur dont la lame n'aurait que deux pouces et demi de longueur.

La table une fois séparée du corps du violon, vous posez à plat votre planchette sur l'établi, et la table sur la planchette du côté décollé; prenant alors une pointe à tracer qui n'est autre chose qu'un poinçon d'acier trempé et bien épointé, vous tracez tout autour de la table un trait bien exact sur la planchette.

Ce tracé fini, enlevez, d'abord avec la scie la plus fine, tout le bois qui est en dehors du trait, en ayant bien soin de ne pas trop approcher de ce trait, et finissez par donner la forme exacte à ce modèle avec un canif bien affilé et les racloirs.

Pour tracer le modèle n° 20, (la voûte en longueur de l'instrument,) prenez une planchette de dix-huit lignes de large sur quatorze pouces de long; posez-la de champ sur le centre de la table et du côté du vernis, appuyez la table sur l'établi; ouvrez alors un compas de quatre à cinq lignes; posez à plat une de ses pointes sur la table, et l'autre pointe sur la planchette que vous tenez bien fixe de la main gauche, alors promenez le compas dans cette même position, d'un bout à l'autre de la table, en ayant soin que la pointe porte constamment sur la planchette, qui de cette manière recevra l'empreinte de la voûte que vous voulez obtenir. Enlevez avec le canif le bois qui est en dehors du trait; posez de nouveau la planchette sur la table, et resserrant les pointes du compas, de manière à ce qu'elles n'aient plus entr'elles que deux à trois lignes d'intervalle; répétez la même opération que ci-dessus, et enlevez de nouveau le bois inutile, et vous aurez la voûte exacte du violon dans sa longueur.

Ce modèle de voûte, ainsi que ceux des voûtes prises en travers de l'instrument, servent également pour la confection du fond et de la table.

Les modèles, figures n°s 21, 22 et 23, s'obtiennent de la même manière que le précédent.

Il faut observer seulement de prendre la voûte de la figure n° 21, dans le centre le plus large de la partie de l'instrument où se trouve le cordier.

La figure n° 22 doit être prise sur le point qui se trouve entre les deux crans des *ff*.

Et enfin la figure n° 23 doit être prise au plus large de la partie du violon dans laquelle se trouve enclavé le pied du manche.

Le modèle figure n° 24 est celui des *ff*. Pour le tracer exactement, prenez un morceau de fort parchemin, d'une dimension telle qu'il puisse couvrir un peu plus que la partie de la table occupée par les *ff*.

Prenez un drap de lit, un tapis de commode, n'importe quelle soit l'étoffe; pliez celui de ces objets que vous aurez choisi en huit ou dix doubles, et posez-le sur l'établi.

Etendez votre parchemin sur l'étoffe, alors renversant la table, posez-la du côté extérieur sur le parchemin, de manière à ce que ce dernier bouche entièrement tous les jours des *ff* de la table; appuyez la main gauche sur la table pour la rendre immobile, et avec un crayon taillé bien fin, tracez exactement l'intérieur des *ff*, et ensuite le contour extérieur des bords du violon, comme vous le voyez à la figure n° 24.

Ce travail terminé, collez le parchemin sur une planchette de plane rabotée à une faible demi-ligne d'épaisseur; mettez sous presse en ayant soin que le parchemin soit étendu de manière à ne pas former de plis, et laissez sécher; prenant alors un canif bien affilé, découpez les jours des *ff* et les contours extérieurs représentant les bords du violon, et vous aurez le modèle de la figure n° 24.

On peut ensuite décoller le parchemin et le séparer de la planchette, en l'imbibant d'eau au moyen d'une éponge; le parchemin une fois détaché du bois, il faut remettre ce dernier sous presse pour qu'il ne se tourmente pas.

Le modèle figure n° 25, celui du manche, est plus difficile à obtenir.

On pose à plat le manche que l'on veut copier sur un morceau de parchemin placé sur une étoffe comme pour le modèle des *ff*. On trace aussi juste que possible avec un crayon tout le contour extérieur du chevillier et de la coquille, en promenant le crayon du point A jusqu'au point G, en passant par les points B C D E F. Vous enlevez le manche de dessus le parchemin, et vous rectifiez autant que possible le trait, là où il ne vous paraîtrait pas conforme au manche.

Ouvrant ensuite un compas, placez une de ces pointes sur le centre du bouton de la volute, et l'autre sur le point B.

Reportant alors votre compas sur le parchemin, aux endroits correspondans à ceux du manche, vous marquez la place du bouton; vous prenez ensuite sur le manche la distance du centre du bouton au point C, et la reportez sur le parchemin; opérez de même pour mesurer l'espace du bouton au point *a a*, et ensuite au point *b b* ; et mesurant dans chaque angle figuré par les lignes pointées les degrés d'éloignement de la spirale au bouton, reportez-les sur le parchemin.

C'est par des points que vous aurez marqué sur le parchemin l'éloignement de la spirale du bouton; alors, avec le crayon, tracez cette spirale en allant de point en point, et vous aurez le modèle; collez votre parchemin sur une planchette à modèle, et percez les petits trous.

De la colle et manière de la préparer.

Puisque nous avons déjà parlé de colle, je crois convenable de placer ici son article.

Les différentes pièces formant les instrumens à archet n'étant réunies que par un seul et unique moyen, la colle, il est de première et indispensable nécessité de se procurer la meilleure possible, et de prendre les précautions nécessaires pour la bien préparer.

La meilleure colle est celle connue dans le commerce sous le nom de colle de Cologne; sa couleur doit être jaune pâle, elle est disposée en tablettes minces de deux pouces de large sur cinq à six pouces de long; elle doit être transparente, cassante : elle doit blanchir à la cassure.

Après avoir, au moyen d'un marteau, réduit la colle en petits morceaux, il est bon de le laisser tremper dans l'eau pendant trois ou quatre heures, ensuite on la fait cuire au bain marie. Si on se servait d'un pot ordinaire, la colle ne manquerait pas au bout d'un très-court laps de temps de se détériorer, souvent brûlerait, et par là perdrait toutes ses qualités.

Aujourd'hui il n'y a pas de ville en France où les ferblantiers ne connaissent le pot à colle au bain-marie, ainsi je ne donnerai pas la description de cette petite machine, dont au reste se servent tous les ébénistes.

En faisant fondre la colle, il faut avoir soin de ne mettre l'eau que peu à peu, et de n'en mettre que juste ce qu'il faut, pour que, lorsqu'elle est entièrement fondue en la laissant filer au bout du pinceau, elle paraisse avoir la fluidité d'une huile tant soit peu épaisse.

On ne doit jamais employer la colle que bien chaude. L'avantage qu'offre le bain-marie est celui d'entretenir la colle au plus haut degré de chaleur dont elle est susceptible sans pouvoir la brûler.

Le luthier a toujours dans son pot à colle un pinceau proportionné à l'ouvrage qu'il confectionne, et une spatule en bois fort mince. C'est avec ces deux instrumens qu'il pose ou introduit la colle là où elle est nécessaire.

En été, trois heures suffisent pour faire sécher le collage, mais en hiver huit à dix heures ne sont pas de trop. Lorsque le froid se fait sentir, il est bon de chauffer les pièces avant de les coller.

Quand on a collé une pièce quelconque, on lave les bavures de la colle au moyen d'un pinceau que l'on a trempé dans l'eau chaude du bain-marie; il ne faut pas oublier cette petite opération qui n'est rien, et vous en épargne une plus longue, celle d'ôter la colle sèche des parties où elle ne doit pas rester,

CHAPITRE V.

Du moule et de ses accessoires.

On appelle moule un morceau de bois préparé et taillé de façon à pouvoir fixer entr'eux, pour n'en former qu'un tout, les tasseaux, les coins, les éclisses et les contr'éclisses des instrumens.

La figure n° 26 représente un moule nu et tel qu'il doit être contourné pour recevoir les différentes pièces dont nous venons de parler.

Nous allons donner le moyen de fabriquer ce moule.

On commence par faire un modèle en tout point semblable au n° 19.

Prenant alors le traçoir, on lui donne une ouverture de une ligne et demie, et on tire tout à l'entour du modèle que vous venez d'exécuter, un trait bien marqué. Vous enlevez, avec la petite scie et le canif, tout le bois qui est en dehors de ce trait. Ce travail terminé, vous avez ce qu'on nomme le contre-moule. (Voyez la figure n° 27, elle représente le contre-moule.)

Maintenant on prend un morceau quelconque de bois dur, le noyer est cependant le préférable, parce qu'il se laisse facilement couper en tous sens. Il faut que ce morceau, bien dressé à la varlope, ait dans toute sa largeur neuf lignes d'épaisseur, et qu'il soit d'une dimension en tout un peu plus grande que le modèle n° 19. On pose le morceau destiné à faire le moule sur l'établi, et le contre-moule sur le morceau. On trace avec la pointe, sur le morceau, tous les contours du contre-moule. Ensuite, prenant une règle, on trace les entailles du haut et du bas A, et les quatre entailles des deux côtés B. Comme en la figure n° 26.

On enlève ensuite à la scie d'abord (la scie à chantourner), tout le bois inutile, c'est-à-dire celui en dehors du trait, le canif et les limes, puis les racloirs finissent l'ouvrage.

La condition indispensable dans ce travail est de rogner tout à l'entour du moule, de manière à ce que dans toutes leurs parties rondes, comme dans les entailles, les bords soient parfaitement d'équerre avec les surfaces du moule.

On concevra mieux cette explication quand j'aurai donné la manière de se servir de ce nouvel outil. Car le moule est un outil proprement dit.

Enfin on établit les huit trous qui se font remarquer sur la figure 26. Les deux du haut et du bas, à quinze lignes de l'intérieur des entailles A. Les quatres marques C, à un pouce de l'intérieur des entailles B, et les deux du centre, à un pouce de la partie la plus renfoncée des bords. Voilà le moule terminé.

Venons maintenant aux huit contre-parties dont le moule doit être armé pour pouvoir remplir l'effet auquel il est destiné.

En jetant les yeux sur la figure 28, vous verrez les huit contre-parties entourant le moule. Ces contre-parties sont de même bois que le moule et ont la même hauteur que les éclisses, et sont de même que le moule tracées au moyen du contre-moule, afin qu'elles puissent parfaitement emboîter dans chacune des parties du moule qui leur sont correspondantes.

Nous reviendrons tout-à-l'heure sur ces contre-parties, quand nous aurons indiqué la manière de monter le moule de ses tasseaux et de ses coins.

La figure n° 29 représente le moule garni ou monté de ses tasseaux et de ses coins.

Les morceaux de sapin que vous remarquez adaptés par le moyen de la colle dans les entailles A et B, sont destinés à prendre la forme et fournir les tasseaux et les coins du violon.

Rien de plus facile que de préparer ces six pièces, qui sont la fondation de tout l'ouvrage. On dresse à la varlope un morceau de sapin dont les fils soient parfaitement droits, et on lui donne les dimensions nécessaires pour qu'il remplisse exactement les entailles A. On coupe ce morceau à la hauteur de quinze lignes, et mettant une goutte de colle seulement dans l'intérieur des entailles, on place sur la colle chacun des deux morceaux dans l'entaille, en observant de les faire déborder du même côté du moule et de les faire presque affleurer de l'autre côté du moule, c'est-à-dire, les faire saillir d'une ligne.

On opère de même à l'égard des coins, et on laisse sécher la colle.

La colle une fois sèche, les tasseaux se trouvent, ainsi que les coins, fixés au moule. C'est alors qu'au moyen d'un canif d'abord, et d'une lime ensuite, vous mettez ces six pièces à fleur de la surface du moule du côté qui est destiné à recevoir la table. Une règle suffit pour voir si ces pièces sont dressées parallèlement au moule. Il ne faut pas oublier que les fils du sapin des tasseaux et des coins doivent être placés transversalement aux bords entaillés du moule; sans cette précaution, le violon perdrait toute sa solidité. D'ailleurs chacun sait que le sapin de ces pièces se trouve debout dans le corps des instrumens.

Ces opérations terminées, on prend le contre-moule et on le pose sur le moule que l'on a placé sur l'établi : on a bien soin que les parties arrondies du moule et du contre-moule se trouvent parfaitement d'équerre, ce qui n'est pas difficile, puisque ces deux bois ont été faits l'un sur l'autre, et avec la pointe on trace la forme du contre-moule sur les tasseaux et les coins seulement.

Prenant alors une gouge convenable, on enlève

de ces six morceaux de sapin le bois superflu ; on finit avec le canif et les limes. Alors la figure n° 29 a toute la forme de celle n° 27.

Pour que ce dernier travail ne laisse rien à désirer, il faut le faire lentement, en enlevant le bois peu à peu et prendre à chaque instant l'équerre pour que ces coins et tasseaux forment en toutes leurs parties un angle parfaitement droit avec la surface du moule.

CHAPITRE VI.

Des éclisses : manière de les façonner, de les plier et de les fixer aux tasseaux et aux coins par le moyen du moule et des contre-parties.

On commence par refendre à la scie et à l'épaisseur d'une ligne, un morceau de plane de trente pouces de long sur trois pouces neuf lignes de large. Il faut avoir soin que les veines du bois se trouvent à la surface du morceau que vous voulez travailler.

Cette feuille de bois une fois refendue dans les proportions ci-dessus décrites, vous la placez sur le bord de l'établi sur lequel vous la fixez, au moyen d'une harpe, par le bout qui se trouve à l'arrière de l'établi. Il faut se servir de ce moyen par la raison que cette feuille étant fort mince et devant le devenir encore davantage, on ne peut l'appuyer sur la griffe de l'établi pour la raboter, parce qu'elle n'offrirait pas la résistance nécessaire au rabot. (1)

---

(1) Nous appellerons griffe, la cheville carrée qui se trouve placée à la tête de l'établi et que le marteau fait monter et descendre à volonté.

Votre feuille de plane étant donc fixée comme on vient de dire, sur l'établi, vous rabotez avec la varlope d'abord, le bout qui se trouve libre, car vous ne pouvez atteindre la partie engagée sous la harpe. Ce bout raboté uniment, vous dévissez la harpe et vous retournez la feuille de manière à ce que la partie qui était tout-à-l'heure sous la harpe, se trouve avoir changé de place avec celle qui est déjà rabotée. Vous remettez la harpe comme avant, en observant de placer entre le bec de cette harpe et la feuille un morceau de bois qui ait deux pouces environ d'épaisseur et de largeur, et la même longueur que la largeur de la feuille. Cette petite manœuvre sert à préserver le bout déjà raboté de la feuille de la foulure que ne manquerait pas d'y imprimer le bec de la harpe.

Ces dispositions prises, vous rabotez, comme vous l'avez fait précédemment, le bout de la feuille qui porte encore les traits de scie, et voilà votre morceau préparé d'un côté.

Par les mêmes moyens et les mêmes procédés, vous rabotez l'autre côté de la feuille que vous amenez à une demi-ligne d'épaisseur.

Observations. Le bois de plane, probablement à cause de ses veines, étant assez difficile à raboter, il faut avoir soin de donner très-peu de fer à la varlope et de n'enlever que de très-minces copeaux, car autrement, en donnant beaucoup de fer à la varlope pour aller plus vite, on ne manquerait pas d'enlever quelques éclats de bois, ce qui vous mettrait dans la nécessité de tout recommencer en pure perte, puisque votre bois ne serait plus propre qu'à brûler.

Il est quelquefois du bois si difficile à raboter, et en général c'est le bois le mieux ondé, que l'on ne peut faire presque aucun usage de la varlope ; c'est alors le cas de se servir du rabot à dent.

J'ai dit plus haut qu'il fallait amener la feuille à une demi-ligne d'épaisseur quoique les éclisses n'aient pas tout-à-fait cette proportion ; mais c'est qu'il faut encore racler ces éclisses pour leur donner le poli nécessaire et pour relever les petites inégalités qu'a laissées le rabot, surtout le rabot à dent.

Votre feuille étant donc raclée avec le plus grand soin, surtout du côté qui doit se trouver en dehors de l'instrument, vous prenez le trousséquin, et donnant à sa pointe un éloignement de 15 lignes, vous tirez un trait dans toute la longueur de votre feuille. Au moyen d'un canif, vous séparez ce morceau de la feuille, et vous agissez de même jusqu'à ce que vous ayez fait trois morceaux de votre feuille.

Prenant alors une bande de papier, vous mesurez sur le moule qui est déjà monté de ses tasseaux et de ses coins, le contour du cercle qui dans la partie étroite du violon part de la ligne centrale du moule, et va finir à la pointe du coin.

Avec une seconde bande de papier, prenez le contour intérieur compris entre les pointes des deux coins. Cette partie se nomme C.

Enfin, prenez avec une troisième bande de papier le contour de la pointe du coin inférieur de l'instrument jusqu'à la ligne centrale du moule, et vous aurez par ce moyen la proportion de la longueur de chacune des parties des éclisses.

Posez chaque bande de papier sur les morceaux de plane préparés comme dessus, et coupez d'équerre deux morceaux semblables en longueur à chacune de ces bandes de papier, et vous aurez vos six éclisses prêtes à être pliées.

Observation. Il est bon de couper ces morceaux un peu plus longs que les modèles de papier, pour éviter de les avoir un peu courts, car alors il n'y aurait plus de remède, tandis que, quand ils sont un peu plus longs qu'il ne le faut, on peut les rogner.

N'oubliez pas de couper nettement et parfaitement d'équerre les bouts des éclisses qui doivent venir se rejoindre à la pointe des quatre coins.

J'ai omis de dire qu'après avoir séparé en trois le morceau destiné aux éclisses dont il est parlé plus haut, il faut en dresser les côtés avec la varlope. A cet effet, vous tenez cet outil le fer tourné en dessus, en tenant son extrémité inférieure entre les genoux et posant le bout sur le bord de l'établi. Alors présentant, de champ, le morceau d'éclisse au fer de la varlope, vous en dressez les deux côtés, de manière à lui donner une largeur exacte de quatorze lignes.

Maintenant il faut plier les éclisses pour leur faire prendre la forme des contours du moule. Pour atteindre ce but, on fait chauffer dans le feu de la cheminée, ou dans un poêle, le fer à plier. Il faut qu'il ne soit pas assez chaud pour pouvoir noircir le bois, mais cependant assez pour l'amollir et le rendre maniable. Pendant que cet outil est au feu, vous plongez deux ou trois fois vos morceaux d'éclisses dans l'eau. Alors fixant votre fer sur l'établi, au moyen d'un valet, vous commencez par plier les bouts qui doivent venir se joindre à l'extrémité des coins du moule; chaque fois que vous avez plié, il faut présenter l'éclisse à l'endroit du moule où elle doit être fixée, et rectifier, s'il y a lieu, le moins ou le trop de courbe que le fer aura fait prendre à l'éclisse, en la reposant de nouveau sur le fer.

Cet opération assez facile doit cependant être faite avec précaution. Il faut plier le bois peu à peu pour éviter, en voulant avancer le travail, de faire éclater les éclisses.

Si le bois, par l'action de la chaleur, devient trop sec, il faut le replonger encore dans l'eau.

Il faut aussi avoir soin que les éclisses ne se

gauchissent pas en les pliant, pour qu'une fois jointes et collées au moule, elles se trouvent posées bien d'équerre.

Un peu d'exercice rend bien vite habile à ce genre de travail.

Quand on a donné aux éclisses la forme exacte des bords du moule, il s'agit de les fixer sur les tasseaux et les coins.

Nous voilà arrivés au moment de faire usage des contre-parties, qui ne sont autre chose, comme nous l'avons déjà expliqué au chapitre du moule, que des morceaux de bois ayant en épaisseur la dimension de la largeur des éclisses, quatorze lignes.

Ces morceaux de bois représentent bien exactement le contre-sens du moule monté de ses tasseaux et de ses coins taillés, ainsi qu'on peut le voir à la figure n° 28. Ces contre-parties servent à presser les éclisses contre les coins et les tasseaux, et à les y fixer définitivement, par le moyen de la colle.

On commence par frotter avec un morceau de savon tous les bords du moule, en prenant le plus grand soin de ne pas toucher de ce savon, ni les tasseaux, ni les coins. On couvre de colle les deux faces intérieures des coins d'un C (nous avons dit ce qu'on appelle C. Ce sont les deux éclisses qui ont la forme de cette lettre). On présente l'éclisse, ou pose sur elle la contre-partie qui lui correspond, et passant le bec de la harpe dans le trou voisin du C, on pose le tourillon de la harpe sur la partie plate de la contre-partie, et tournant la vis, on serre jusqu'à ce que l'éclisse touche de toute sa surface tout l'intérieur du C formé par le moule et les coins.

On opère de même pour l'autre éclisse du C opposé.

On prend ensuite, soit les éclisses du bas, soit celles du haut de l'instrument, la chose n'importe en rien; mais nous allons prendre celles du haut.

On couvre de colle la face du coin qui est tournée du côté du manche, et on y fixe le bout de l'éclisse correspondant, par le moyen de la contre-partie et d'une harpe; on opère de même pour le côté opposé, alors, couvrant de colle le tasseau du haut et pressant fortement les deux éclisses contre le moule, on fait arriver leurs bouts sur le tasseau où on les fixe, également au moyen de la contre-partie et d'une harpe. Enfin on opère de même pour les deux éclisses du bas, et voilà le moule monté.

Observations. Il faut que les éclisses soient, comme les tasseaux et les coins, d'un côté à fleur du moule, et qu'elles débordent de l'autre.

On peut laisser entre les deux bouts des éclisses, qui se terminent sur le tasseau du haut, un intervalle de trois à quatre lignes; mais il n'en est pas de même des éclisses du bas qui doivent joindre parfaitement. Pour atteindre ce but, il faut, quand vous avez fixé et collé les deux coins des deux éclisses dont il s'agit, en amener une, n'importe laquelle, en la pressant sur le contour du moule, il faut, dis-je, l'amener sur le tasseau et tracer un trait à l'endroit où elle se trouve vis-à-vis la ligne centrale du moule; faites ensuite la même opération pour l'autre éclisse, couvrez le tasseau de colle, et réunissant les deux bouts des éclisses du bas, serrez comme pour celles du haut avec la contre-partie et la harpe.

Quand la colle est sèche, démontez vos harpes et vos contre-parties, et sciez l'excédant de hauteur que les tasseaux et les coins ont sur les éclisses.

La hauteur des éclisses devant être de quatorze lignes au tasseau du bas et de treize lignes au tasseau du manche, il faut dès ce moment faire décrire auxdites éclisses une pente insensible de une ligne sur tout le pourtour de la construction. Le canif et la lime suffisent pour cette opération.

Le travail avancé à ce point, les éclisses se trouvent, ainsi que les tasseaux et les coins, affleurés d'un côté du moule, et de l'autre côté elles débordent de quatre à cinq lignes. C'est à cette partie débordant le moule qu'il faut maintenant joindre les contr'éclisses.

Ces contr'éclisses s'obtiennent de la même manière que les éclisses, à la seule différence qu'elles sont en sapin, qu'elles ont une ligne d'épaisseur et trois lignes de large. On les plie comme les éclisses, et pour les coller aux éclisses on se sert de petites pincettes de bois, comme la figure n° 18, et au moyen d'une petite entaille pratiquée dans les coins et tasseaux, on fait entrer leurs bouts dans ces pièces pour les assujétir plus solidement. Les petites pincettes se placent à cheval sur les contr'éclisses et les éclisses à la fois, à une distance environ de un pouce les uns des autres.

Les contr'éclisses collées et la colle étant sèche, on enlève toutes les pincettes, et avec le canif on rabat l'arête des contr'éclisses vers le moule, et ensuite avec le papier de verre. Ensuite avec les gouges on arrondit les coins et les tasseaux jusqu'à la surface du moule, et voilà le moment de s'occuper de la confection du fond du violon.

Avant d'aller plus loin, je conseille aux personnes qui voudraient se servir de ce manuel en amateurs, d'avoir toujours, quand elles travailleront, un instrument détablé sous les yeux, et le travail décrit dans ce livre leur paraîtra beaucoup moins difficile qu'elles ne l'auraient d'abord cru.

CHAPITRE VII.

Du fond de l'instrument et de la manière de le confectionner.

Avant de commencer ce Chapitre, nous dirons que le bois destiné à faire les instrumens à archet se trouve dans le commerce en morceaux refendus dans les dimensions nécessaires pour en tirer un violon, une basse, une guitare, etc.

Les morceaux destinés aux violons, altos et basses, présentent par leurs bouts la forme de la figure n° 30, quand le fond ou la table doivent être formés d'une seule pièce. Ils ont la forme, aussi par les bouts, de la figure n° 31, quand ils doivent être formés de deux pièces.

Le fond et la table se travaillent de la même manière ; au fait, il n'y a entre ces deux pièces que la différence des *ff* pour la table, qui du reste a et doit avoir absolument la même voûte et la même figure que le fond.

Vous remarquez dans le morceau figure n° 30 une élévation dans son centre. Cette élévation est destinée à former la voûte de l'instrument.

La figure n° 31 représente un fond ou une

table de deux pièces. Vous comprenez que refendu comme l'indique la ligne pointée et les deux côtés les plus épais étant joints par la colle, vous avez encore un morceau qui a la même disposition que la figure n° 30.

Si donc votre fond est destiné à être formé du même morceau, vous commencez par le refendre ainsi que l'indique la ligne pointée dont nous venons de parler.

Ce travail terminé, on dresse à la varlope les deux côtés les plus épais, et quand les appuyant l'un sur l'autre on voit qu'ils joignent parfaitement dans toutes leurs parties, on les colle. La colle une fois sèche, ces deux morceaux, qui n'en forment plus qu'un, ressemblent entièrement à un fond d'une seule pièce, et de ce moment on les travaille de la même manière.

Posant le plat de votre fond sur l'établi, et élevant suffisamment la griffe pour former un point d'arrêt, vous dressez à la varlope les deux côtés, de manière à ce que les deux pentes du morceau partent du centre juste du morceau, et que l'épaisseur des deux côtés soit la même vers leurs bords opposés.

Ayez toujours soin de donner très-peu de fer à votre varlope, de peur d'enlever des éclats.

Les deux côtés du dessus du fond rabotés avec soin, retournez le morceau sur l'établi pour en raboter la surface plate, et rabotez jusqu'à ce ce qu'en posant une règle bien dressée dans tous les sens, votre surface soit absolument plate.

Ces opérations, comme on le voit déjà, ne sont pas difficiles.

Tracez alors avec la pointe, et sur le côté plat, un trait dans toute la longueur du fond, en ayant soin que ce trait se trouve absolument dans la position parallèle de l'arête du dessus du morceau, ce qu'il est facile d'obtenir en traçant à chaque bout, au moyen de l'équerre, un trait qui, partant du plat du fond, vient aboutir à la partie la plus conique du dessus.

Dans les fonds des deux pièces, le joint existant dans le centre, ce tracé devient inutile.

Prenant alors le modèle n° 19, vous le posez sur le plat du fond, en observant de placer le centre du modèle bien juste sur le trait que vous avez tiré il y a un moment, et tracez tout le contour du modèle avec la pointe, en apportant la plus sévère attention dans ce travail.

Plaçant alors sur le valet le fond tracé, vous le découpez avec la scie à chantourner, ayant toujours bien soin de ne pas venir trop près du trait, parce qu'après la scie, le canif et la lime devront lui donner les contours exacts du modèle. Présentant souvent l'équerre, ayez soin que vos bords forment angle droit avec le côté plat de la forme.

Les contours terminés, prenez le traçoir et donnez-lui une ouverture de deux lignes; prenez le fond sur vos genoux, et appuyant sur le plat du fond la grande jambe du traçoir, tirez tout à l'entour des bords un trait qui servira à vous indiquer l'épaisseur que doivent conserver ces mêmes bords.

Posez alors à plat le fond sur l'établi, fixez-le par le moyen des valets, et commencez à ébaucher la voûte au moyen de la plus grosse de vos gouges.

C'est ici qu'il faut redoubler d'attention et aller lentement pour arriver plus vîte au but, car un seul éclat enlevé peut gâter tout l'ouvrage que vous avez déjà terminé.

Commencez par enlever dans la longueur le bois nécessaire pour arriver à obtenir la voûte du modèle n° 20; présentez souvent ce modèle, ayez soin de ne pas trop faire mordre la gouge, de peur d'enlever trop de bois. La voûte de la longueur obtenue, replacez, s'il est nécessaire, votre fond dans une nouvelle position sur l'établi, et occupez-vous de prendre la voûte indiquée par le modèle n° 22, et qui est la voûte centrale en travers. Pour trouver le point juste on doit se présenter le dernier modèle, il faut prendre le modèle des ff, le poser sur le fond et marquer les deux crans intérieurs desdites ff. Enlevez le modèle, et au moyen d'une règle, tirez une ligne entre ces deux crans, et prenant le centre de cette ligne, vous aurez le point sur lequel vous poserez le modèle n° 22, pour creuser la voûte de cette partie.

L'emplacement des modèles des voûtes, en travers du haut et du bas du violon, n'a pas besoin d'explication, puisque c'est au plus large du haut et du bas de l'instrument que cette voûte doit être prise.

Quand les voûtes ont été creusées avec soin, et que l'on a eu la précaution de n'enlever que peu de bois à la fois, les coups de gouges sont peu saillans, et il est facile de les faire disparaître avec les petits rabots. Le plus petit de ces rabots sert à donner la forme voulue à la gorge du fond. On appelle gorge le petit enfoncement qui règne tout à l'entour du fond, à une ligne et demie des bords, et dans lequel se trouvent incrustés les filets.

Ayant donc égalisé les différentes parties de l'extérieur du fond, autant que le permettent les petits rabots, vous vous servez des racloirs pour faire disparaître les aspérités qui peuvent encore exister, et vous finissez en polissant avec le papier de sable.

Toutes ces opérations terminées, il faut s'occuper de creuser le fond du côté plat, et lui donner les épaisseurs exigées pour que l'instrument entièrement terminé ait le son convenable.

On plante dans un des trous de l'établi un morceau de bois arrondi en le faisant entrer un peu de force. Ce morceau sert de point d'arrêt pour appuyer un des bords du fond, que de la main gauche vous maintenez contre cette cheville ; la droite au moyen des gouges creuse le le bois en le prenant par le travers.

Il faut, pour exécuter ce travail, poser un tapis de laine sur l'établi, et y placer le côté fini de votre fond, pour éviter de le fouler ou de le rayer. Il faut prendre plusieurs précautions en creusant le fond ; 1° il faut laisser parfaitement intactes toutes les parties du contour sur lesquelles les tasseaux, les coins, les éclisses et les contr'éclisses doivent venir s'appuyer ; 2° il faut n'enlever le bois qu'avec une grande réserve, de peur d'en ôter de trop, mal sans remède, et laisser à tout le fond et dans toute ses parties une demi-ligne de plus d'épaisseur qu'elles ne doivent avoir. C'est avec le compas d'épaisseur que l'on se guide dans ce travail, alors vous finissez avec les petits rabots, les racloirs et le papier de verre.

Ayant destiné un chapitre spécial pour les épaisseurs du fond et de la table, afin de mieux les expliquer, on trouvera la manière précise d'obtenir ces proportions au chap. 9.

Le fond terminé, on le pose sur le côté du moule qui présente les éclisses, les contr'éclisses, les coins et les tasseaux préparés pour le recevoir ; on examine si les bords du fond ressortent également tout à l'entour des éclisses, qu'ils doivent déborder d'une ligne ; alors fixant le fond sur les éclisses, au moyen de quatre vis placées aux deux parties les plus larges, vous percez avec le villebrequin deux petits trous qui, traversant le fond, viennent se terminer dans les tasseaux, vis-à-vis le point de jonction des éclisses du haut et du bas, et pour que ces trous ne s'aperçoivent pas plus tard, vous les placez sur l'endroit même où se trouveront placés les filets. Ces trous percés, vous y enfoncez deux petites chevilles de bois de plane.

Cette opération sert à trouver de suite la place que doit occuper le fond sur les éclisses quand vous voulez le coller ; car s'il fallait chercher à placer le fond quand la colle est déjà posée, la chose ne serait pas possible, la colle se refroidissant très-vite et ne devant jamais être employée que très-chaude.

Quand donc vous vous êtes assuré que votre fond peut être collé aux éclisses, vous retirez les petites chevilles dont on vient de parler, et étendant avec le pinceau la colle sur les tasseaux, les coins, et enfin sous le contour des éclisses, vous posez votre fond, et de suite, plaçant les chevilles dans les deux trous, vous les enfoncez avec le marteau, ensuite vous placez tout à l'entour de l'instrument autant de vis que ses contours l'exigent.

Il faut poser ces vis de la manière suivante, pour éviter que le fond venant à entrebailler, la colle ne se refroidisse en quelques endroits.

On place deux vis sur le tasseau du haut, deux sur le tasseau du bas, une à chaque bout des éclisses du haut et du bas, vers les coins; enfin dans les C, et partout ensuite où on peut en placer.

Trempant alors un pinceau dans l'eau chaude du bain-marie, vous lavez la colle qui a pu glisser en dehors des éclisses, et vous laissez sécher.

CHAPITRE VIII.

De la table de l'instrument. De la manière de la confectionner et de percer les ff.

Comme on l'a déjà dit, la table des instrumens se façonne absolument de la même manière que le fond. On doit prendre encore plus de précaution pour lui donner sa forme que pour le fond, attendu que le sapin est bien plus fragile que le plane, et que le fil de ce bois tendre est souvent très-irrégulier, ce qui oblige souvent à changer la direction des outils pour le couper convenablement.

Quand la table est d'une pièce, on opère tout comme pour le fond.

Quand elle est de deux pièces, il faut avoir soin 1° de dresser les deux côtés qui doivent être joints par la colle, en suivant les fils du sapin, de manière à ce que le joint leur soit parallèle;

2°. De mettre la partie du cœur de l'arbre, c'est-à-dire les veines les plus rapprochées, dans le centre de la table.

3°. De ne pas tracer, en posant le modèle, le petit demi-rond qui se trouve en haut du fond, et qui se nomme talon, puisque ce prolongement est inutile à la table.

Les trous des ff sont donc la seule différence qui existe entre le fond et la table. On ne les perce que quand cette table est entierement terminée et mise d'épaisseur.

A cet effet, prenez le modèle des ff, et posez-le sur la table que vous venez de terminer, de manière à ce que les coins du modèle se trouvent ainsi que les C parfaitement d'aplomb sur les parties correspondantes de la table que vous avez placée sur l'établi, et avec un crayon taillé bien fin, tracez nettement tout l'intérieur des ff du modèle.

Percez alors, en haut et en bas, un trou moins grand que le rond des ff; introduisez dans ces trous la lame d'un canif moyen, et découpez petit à petit le bois qui se trouve dans l'intérieur de vos lignes de crayon, et vous aurez vos ff.

Posez alors votre table sur le moule monté du côté où les éclisses lui sont affleurées, et percez deux trous destinés, comme pour le fond, à recevoir deux petites chevilles. Cette précaution est utile, comme on le verra plus tard, à raison de ce que, séparées du moule, les éclisses peuvent quelquefois un peu se déjeter, inconvénient qui est empêché par les chevilles dont nous venons de parler, puisqu'elles forcent les éclisses à reprendre la position qu'elles avaient lorsqu'elles étaient fixées au moule.

Arrivé à ce point de l'ouvrage, il faut retirer le moule de l'intérieur des éclisses; cette séparation s'opère au moyen d'un ciseau dont vous placez le taillant entre les tasseaux, les coins et les entailles du moule; le ciseau ainsi placé, frappez un petit coup sec sur son manche, et les coins ainsi que les tasseaux seront séparés du moule, auquel ils n'avaient été fixés que par une seule goutte de colle, comme on l'a expliqué précédemment.

Ajoutez alors, comme vous l'avez déjà fait pour le fond, les contr'éclisses qui doivent, ainsi que les éclisses, se joindre à la table; donnez la rondeur aux tasseaux, au moyen de la lime et du canif; évidez de même les coins, et après avoir enlevé avec un ciseau la colle qui peut avoir débordé les éclisses du fond, polissez tout l'intérieur des tasseaux, des coins, des éclisses et des contr'éclisses avec le papier de verre; collez la barre à la table, et enfin la table sur le violon.

CHAPITRE IX.

Des épaissseurs de la table et du fond. Emplacement de la barre et ses proportions. Manière de la coller avec la table.

En tirant entre les deux crans intérieurs des *ff* une ligne droite, et en prenant le centre juste de cette ligne, vous obtenez un point qui est la base fondamentale des procédés employés pour donner à la table et au fond les épaisseurs nécessaires pour la mise en vibration des différentes parties de ces deux pièces. C'est là l'ouvrage le plus minutieux du violon, et celui dont dépend principalement le plus ou moins beau son de l'instrument.

Ayant donc établi avec exactitude le point dans le centre des *ff*, du côté intérieur de la table, vous prenez un compas, et l'ouvrant de neuf lignes juste, vous posez une de ses pointes sur le point, et l'autre sur la ligne qui va vers une des *ff*; là vous marquez sur la ligne un point, et retournant la pointe du compas, vous marquez également du côté opposé un autre point encore, et toujours sur la ligne. Conséquemment les deux points que vous venez de marquer ont entr'eux dix-huit lignes d'intervalle; prenez une règle, et tracez sur chacun de ces deux points une ligne qui se prolonge parallèlement au joint dans la longueur de la table, vers le haut du violon, à trois pouces de la ligne, et vers le bas à deux pouces; vous avez alors un carré long de cinq pouces de longueur sur dix-huit lignes de largeur.

Tout le bois de la table compris dans ce carré doit avoir une ligne et demie d'épaisseur.

A partir de tous les traits extérieurs du carré, cette proportion, d'une ligne et demie, va en diminuant d'une manière insensible, mourir vers les bords de la table, là où elle s'appuie sur les éclisses, les tasseaux et les coins, en s'arrêtant à trois quarts de ligne d'épaisseur.

Ainsi, pour me faire mieux comprendre, l'épaisseur de la table du violon a sur toute l'étendue de ses contours, à partir de l'endroit où elle cesse de porter sur les éclisses, les tasseaux et les coins, trois quarts de ligne d'épaisseur; en remontant des bords de la table vers son centre qui est le carré long, cette épaisseur augmente insensiblement jusqu'à ce qu'arrivée au carré, elle ait une ligne et demie, proportion qui doit régner avec une parfaite exactitude dans tout l'intérieur de ce carré.

Les épaisseurs du fond sont en tout absolument semblables à celles de la table, à cette différence près, que dans toutes ses proportions l'épaisseur est d'une demi-ligne plus forte que celle de la table.

Voilà comme on procède pour donner à la table les épaisseurs dont nous venons de parler.

On dresse en forme de coin un morceau de bois dur, long de deux à trois pouces (fig. n° 32).

Sur un des côtés de ce coin on tire à angle droit trois traits. Le premier à la place où le coin a juste une ligne et demie d'épaisseur ; le second à la place où il a juste une ligne d'épaisseur, et enfin le troisième à la place où il a trois quarts de ligne d'épaisseur.

Remarquez que le premier trait indique l'épaisseur du carré long ; le second l'épaisseur des différentes parties de la table qui se trouvent entre le carré et les bords ; enfin, le troisième l'épaisseur des bords de la table.

Prenant donc le compas d'épaisseur, on introduit le coin entre ses deux boutons, jusqu'au trait qui a une ligne et demie d'épaisseur ; fermant alors, au moyen de sa vis, le compas, vous lui donnez ainsi une ouverture d'une ligne et demie, qui est l'épaisseur du carré.

Diminuant alors, avec le petit rabot, ce qui se trouve en trop à la table, et présentant souvent cette dernière dans l'ouverture du compas, de peur de trop enlever de bois, vous parvenez petit-à-petit à donner au carré sa juste épaisseur.

Ce travail terminé, introduisez de nouveau le

coin entre les boutons du compas d'épaisseur, et le resserrant sur le second trait, vous lui donnez une ligne d'ouverture.

Commencez alors à enlever du bois tout à l'entour du carré, en allant de chaque face de ce carré vers les bords ; faites en sorte que l'épaisseur des parties de la table qui se trouvent entre ledit carré et les bords aient juste l'épaisseur donnée en ce moment au compas.

Enfin, introduisez pour la dernière fois le coin dans le compas, que vous fixez sur le troisième trait, et amenez vos épaisseurs aux bords de la table, à trois quarts de ligne.

Observations.

1º. A fur et à mesure que vous mettez le carré d'épaisseur, vous ne pouvez faire autrement que d'enlever avec le rabot les traits tracés au crayon, il faut donc les tracer de nouveau chaque fois que cela devient nécessaire ;

2º. Il faut laisser toutes les épaisseurs indiquées ci-dessus plus fortes, en raison de ce que le racloir et le papier de verre devront encore être employés pour polir les surfaces, et que naturellement ces deux petites mains-d'œuvre enlèveront encore un peu de bois ;

3º. Enfin il sera utile de se fabriquer un second coin pour mettre d'épaisseur le fond qui (comme on le sait déjà) doit avoir dans toutes ses proportions correspondantes à celles de la table, une demi-ligne de plus.

Maintenant il nous reste à parler de la barre, et la description de la construction intérieure du violon sera terminée.

La barre est un petit morceau de sapin collé à la partie gauche de la table, et qui sert, d'un côté, à faire supporter le poids des cordes à l'instrument, et de l'autre à donner aux deux grosses cordes la gravité de son qu'elles n'auraient pas sans cette pièce.

La barre a dix pouces de long, deux lignes d'épaisseur, quatre lignes de hauteur dans son centre, qui est vis-à-vis le point, et va terminer ses deux bouts en mourant sur la table à laquelle elle est collée.

On dresse à la varlope un morceau de sapin de sept à huit lignes de largeur; on lui donne deux lignes un peu fortes d'épaisseur, en ayant soin que les fils du bois se trouvent du côté de cette épaisseur, et dans le même sens que ceux de la table quand la barre y sera collée.

Ce morceau de sapin dressé comme je viens de le dire, on ouvre un compas de neuf lignes, et plaçant une de ses pointes sur le point du centre, on marque, au moyen de l'autre pointe, un point qui se trouve conséquemment à neuf lignes du joint de la table. C'est ici absolument la même opération que celle décrite pour établir le carré dont il est parlé au commencement de ce chapitre.

Tirant alors, sur le point que vous venez de marquer, une ligne parallèle au joint, dans toute la longueur de la table, vous avez l'emplacement de votre barre.

Maintenant il faut lui donner la courbe nécessaire pour qu'elle vienne s'adapter sans force, et comme d'elle-même à la table; opérez donc de la manière suivante :

Posez de champ, comme vous avez fait pour obtenir vos modèles de voûte, posez de champ votre barre préparée, sur la ligne que vous avez tracée sur l'intérieur de la table, et ouvrant un compas de l'espace nécessaire, posez à plat une de ses pointes sur la table, et l'autre sur la barre, par son plat bien entendu; promenez le compas d'un bout à l'autre de la barre, et vous aurez la courbe de la voûte de la table.

Enlevez alors avec le canif le bois inutile; présentez votre barre à l'endroit de la table auquel elle doit être collée, et enlevez peu à peu du bois qui l'empêche de joindre entièrement avec la table; dressez son assiette bien carrément, et la voilà prête à être collée.

Avant d'aller plus loin, je ferai une petite observation. La partie du violon sur laquelle doit être fixée la barre n'étant pas plate, il faut que la partie de cette barre soit taillée un peu en biais, pour qu'étant collée elle forme angle droit avec la table.

Pour coller la barre à la table, on se sert d'outils de bois, nommés *pinces à barres* (fig. n° 17).

On couvre de colle le pied de la barre, on la pose sur le trait déjà placé sur la table, de manière à ce que ses deux bouts se trouvent aussi éloignés l'un que l'autre du haut et du bas des bords de la table; tenant la table sur les quatre doigts de la main gauche, on serre et on maintient à sa place la barre avec le pouce de la même main, et la main droite se trouvant libre d'agir, c'est par son secours que l'on fait passer une pince en dessous de la table, d'un côté, et en dessus de la barre, de l'autre; alors on fait entrer, un peu de force, cette pince jusqu'à ce que la barre soit suffisamment fixée, et on ajoute successivement jusqu'à cinq ou six de ces pinces, que l'on fait serrer à égale distance les unes des autres, jusqu'à ce que la totalité de la barre soit bien fixée à la table.

Avec un pinceau et l'eau chaude du bain-marie, lavez la colle qui peut avoir bavé le long du joint de la barre, et laissez sécher.

Le collage de la barre étant sec, on enlève les pinces, et posant la table sur les genoux, on enlève le plus gros du bois inutile avec le petit rabot; prenant ensuite un compas, on lui donne une ouverture de quatre lignes et demie, et posant à plat sur la table une de ses pointes, on marque avec l'autre, dans le centre de la barre, la hauteur qu'elle doit avoir en cet endroit; reprenant alors le rabot, on taille la barre de manière à lui donner la forme de la figure n° 33; on enlève les traces du rabot avec le racloir, et on finit en polissant avec le papier de verre.

Toutes les opérations comprises en ce chapitre terminées, il s'agit de tabler le violon. Cette main-d'œuvre n'offre pas de difficultés, car après avoir couvert de colle les éclisses, les contr'éclisses, les tasseaux et les coins du violon, tel que nous l'avons laissé au chapitre précédent, il ne faut plus qu'y fixer la table, d'abord par le moyen de deux petites chevilles dont nous avons parlé au susdit chapitre, et ensuite par les vis, en usant des mêmes procédés que pour le collage du fond, et laisser sécher après avoir, comme de coutume, lavé la colle qui aurait pu s'échapper en dehors des éclisses.

Le violon arrivé à ce point, et débarassé des vis, il faut examiner avec soin si les bords, soit de la table, soit du fond, ne débordent pas plus les éclisses dans quelques endroits que dans d'autres, et remédier à ce défaut en rognant avec le canif, et toujours bien carrément, ceux des bords qui auraient trop de saillie sur les éclisses.

Ce travail fini, il faut s'occuper de fileter la table et le fond.

On appelle fileter, introduire dans tout le pourtour de l'instrument, et dans une petite rainure pour ce disposée, trois filets de bois qui ne servent à autre chose qu'à orner l'instrument.

Deux de ces filets sont en bois teint en noir, et le troisième, qui se place au milieu, reste blanc.

Aujourd'hui on trouve à acheter, des marchands de Mirecourt, ces filets tout préparés, et d'autant mieux faits, qu'on les a obtenus par des scies-mécaniques, à telle épaisseur qu'on les a désirées; mais comme il est bon qu'un ouvrier puisse autant que possible façonner tout ce qui a rapport à son état, nous allons donner la manière de faire ces filets, en commençant par dire que l'on teindra en noir ceux destinés à recevoir cette couleur, avec la recette indiquée pour le noir au chapitre n° 18 des couleurs et vernis.

Le bois dont on peut le plus facilement obtenir des filets, est l'alisier. On commence donc par dresser un morceau de ce bois dans la dimension de quinze lignes d'épaisseur sur six pouces de largeur. Il suffit que sa longueur ait au moins celle que devra avoir le filet mis en place. On comprend que ce morceau ne doit avoir ni nœuds ni gerçures; serrant alors ce morceau dans la presse de l'établi, en présentant le côté le plus étroit au fer du rabot, on donne à l'outil le fer nécessaire pour enlever du morceau un ruban; ce premier ruban enlevé, on regarde s'il a l'épaisseur désirée. Est-il trop mince, on donne plus de fer : dans le cas contraire on en donne moins.

Les deux tiers de ces rubans ou copeaux sont teints en noirs; ensuite on colle trois de ces morceaux ensemble, en plaçant le blanc dans le milieu, et on a soin de n'employer que de la colle délayée, affaiblie avec de l'eau, pour que, lorsqu'on veut coller ces filets dans la rainure, ils plient plus facilement pour suivre les contours de cette même rainure.

Quand les filets sont collés et secs, il faut creuser la rainure qui doit les recevoir; voilà comme on s'y prend pour faire cette opération, qui demande beaucoup de soin.

On prend le traçoir et on lui donne, par le moyen de la vis, l'ouverture nécessaire pour écarter plus ou moins des bords les filets, chose qui dépend entièrement du goût de l'ouvrier, à moins que voulant copier fidèlement un violon d'auteur, il ne s'astreigne à l'imiter en tous points.

Tenant donc le violon sur ses genoux, en l'assujettissant avec la main gauche, il pose la grande jambe du traçoir sur les bords, en faisant porter la jambe coupante sur la table ou sur le fond : peu importe que l'on commence par l'un ou par l'autre. Le traçoir donc posé ainsi qu'on vient de le dire, on a soin de le tenir toujours bien droit en le promenant tout à l'entour des bords de l'instrument, et en se reprenant à chacun des quatre coins. De cette manœuvre il résulte un petit trait sur la table et sur le fond; on a soin de vérifier si le traçoir a fait partout son trait bien net, et on repasse là où il aurait pu manquer. Cette première opération faite, on n'a encore tracé qu'un des deux traits destinés à former la rainure, celui le plus rapproché du bord. Il faut alors tracer le second trait de la rainure, en calculant l'épaisseur des trois filets réunis, pour ouvrir en conséquence le traçoir, et de manière à ce que quand la rainure sera terminée, les filets n'y puissent se loger qu'en les forçant un peu avec le marteau.

Le second trait de votre rainure tracé comme le précédent, il y aura une petite lacune sous le petit demi-rond qui se trouve au haut du fond, et que je crois déjà avoir nommé le talon.

Pour obvier à ce manque dans le tracé de la rainure, on prend un petit morceau de bois mince, comme le bois des modèles dont nous avons parlé plus haut, et avec le canif on lui donne la courbe que doit avoir la rainure en cet endroit, et on trace avec la pointe la partie que le traçoir n'a pu atteindre.

Toute la rainure étant donc ainsi tracée sur les deux côtés du violon, avec la pointe d'un canif on repasse dans les traits qu'a laissés le traçoir, de manière à enfoncer la rainure assez pour que les filets puissent s'y loger, mais en prenant bien garde, surtout pour le sapin, que le canif, en l'appuyant trop fort, n'aille couper la table d'outre en outre.

Ce travail fini, il faut enlever le bois qui se trouve placé entre les deux traits formant la rainure; rien n'est plus facile au moyen d'un petit bédanne que l'on se procure en se servant d'une fine alène de cordonnier. On casse cette alène à l'endroit où elle se trouve avoir un peu moins d'épaisseur que la rainure n'a de largeur, et lui formant sur la meule un petit biseau semblable à celui d'un bédanne ; voilà l'outil avec lequel vous enlevez le bois qui doit faire place aux filets.

C'est du côté courbe de l'alène que doit être préparé le biseau.

Pour placer les filets dans la rainure, il faut commencer par les ajuster pour les couper de longueur, en ayant soin de les couper, avec le canif, en bec de sifflet, là où ils doivent venir aboutir aux coins du violon. Cette opération faite, on commence toujours par prendre deux filets à la fois pour les faire entrer en même temps dans les coins, après avoir auparavant mis la colle nécessaire dans la rainure. Une fois ajustés dans les coins, on presse les filets sur la rainure voisine du coin, et on les fait entrer en frappant de petits coups de marteau. Au-dessous du talon et en bas des grandes éclisses, les filets devant nécessairement se rejoindre et avoir l'air de ne faire qu'un, il faut les couper en biais et bien net pour qu'on ne voie pas leur point de jonction.

Une chose que j'aurais dû dire plus tôt, mais qui trouve encore ici sa place, c'est que ces filets doivent, avant d'être employés comme je viens de l'expliquer, être découpés de manière à ce qu'ils ne débordent la rainure que de très-peu de chose.

Voilà comme on s'y prend pour les découper à cinq quarts de ligne de hauteur : on fait à un racloir, au moyen d'une lime triangulaire, autrement nommée par les ouvriers tire-pointe, une dent semblable à une dent de scie ; il faut que cette dent ait une demi-ligne d'élévation au-dessus du plat du racloir, voy. figure n° 34 ; alors posant les rubans à filets collés, dont nous avons parlé plus haut, les posant, dis-je, sur le plat de la varlope, et plaçant la dent sur le filet et le plat du racloir sur la varlope, tirez comme en vous servant du traçoir ou du troussequin, d'un bout à l'autre de la feuille de filet, retournez-la pour réitérer de l'autre côté la même opération, et vous n'aurez plus qu'à séparer avec les doigts le morceau de filet destiné à entrer dans la rainure.

La colle de vos filets étant sèche, il faut enlever avec précaution ce qu'ils ont de trop saillant sur le fond et sur la table. Pour cela faire, on enlève le plus gros avec le canif, en prenant beaucoup d'attention pour empêcher les éclats: le racloir fait le reste.

Voilà le corps du violon fini, moins les bords, qui au lieu d'être ronds sont encore carrés. On conçoit, ou du moins on croit au premier abord concevoir, que pour arrondir ces bords le travail n'est pas bien difficile ; il faut cependant un soin minutieux pour bien réussir dans ce travail. Voilà comme on s'y prend : avec un petit canif bien affilé vous enlevez, du côté des éclisses, l'arête formée par les bords, en ayant grand soin de ne pas enlever plus de bois dans une place que dans l'autre, et en conservant, surtout à l'entour des coins, la forme exacte du modèle qui a servi à tracer le fond et la table, et en observant encore de ne pas toucher au bois qui se trouve former la partie latérale des bords. Il faut avoir soin aussi de changer la direction du canif chaque fois que vous vous apercevez que le fil du bois s'oppose à son action; agissez de même sur le côté des bords opposés aux éclisses ; arrondissez et faites disparaître tout ce qu'il y a de plat dans les bords, avec une lime dont le grain soit un peu fin, et donnez enfin le poli avec le papier de verre.

Avant de finir ce chapitre, nous recommanderons encore aux personnes qui voudraient se faire un amusement de la lutherie, d'avoir toujours en travaillant un violon bien fait sous les yeux, pour leur servir de guide.

CHAPITRE X.

Du manche. Manière de le confectionner.

On prend un morceau de plane de dix pouces de long; on le dresse bien d'équerre sur quatre faces. Deux de ces faces ont vingt lignes de largeur, et les deux autres, qui deviendront les côtés du manche, ont vingt-huit lignes.

Ce morceau une fois dressé bien régulièrement, on pose le modèle du manche sur une de ses faces de côté, et on trace avec le crayon tous les contours dudit modèle. Voyez la figure n° 25.

Tirant alors avec l'équerre, sur les quatre faces un trait transversal, en commençant au point G, qui est l'endroit où commencera le chevillier, on mesure, à partir du trait tiré à ce point G, et en allant vers le bout opposé du manche, on mesure, dis-je, cinq pouces quatre lignes, et on marque par un point cette longueur de cinq pouces quatre lignes, qui est celle du manche à partir du chevillier, au bout qui doit s'enclaver dans le corps de l'instrument.

Prenant de nouveau l'équerre, on tire encore un trait transversal sur le point que l'on vient de marquer, et on répète ce trait sur toutes les faces du morceau.

On prend alors le troussequin, on donne à sa pointe dix lignes d'ouverture, et on tire sur les deux faces étroites du morceau, et dans toute sa longueur, un trait qui le partage en deux parties égales.

Ouvrant ensuite un compas de cinq lignes et demie, vous posez une de ses pointes sur la ligne que vous venez de tirer, et juste au point où elle se trouve coupée à angle droit par celle qui a été tracée transversalement sur le point G, pour indiquer le commencement du chevillier. Ayant donc posé une des pointes de votre compas ouvert de cinq lignes et demie, marquez à droite et à gauche de la ligne transversale, deux points qui, se trouvant éloignés chacun de cinq lignes et demie de la ligne centrale, ont entr'eux onze lignes de séparation.

Ces onze lignes sont la proportion du manche à la naissance de sa poignée, et la proportion du sillet qui se trouvera à cette même place.

Donnant alors au compas une ouverture de sept lignes et demie, et posant une de ses pointes sur le point où la ligne transversale du bas est coupée par celle qui partage le manche en deux dans sa longueur, marquez à droite et à gauche sur ladite ligne transversale deux points qui auront entr'eux quinze lignes d'éloignement. Ces quinze lignes sont la proportion de la largeur du manche à son extrémité, qui plus tard sera encastrée dans le corps du violon.

Ce tracé terminé, serrez le manche sous le valet, en le faisant déborder de l'établi de toute la partie qui doit former la volute et le chevillier; et prenant la scie à chantourner, enlevez tout le bois inutile qui se trouve à l'entour du tracé, depuis la lettre A jusqu'à la lettre G; donnez à cette partie la forme qu'elle doit avoir en définitive, pour n'y plus revenir, en vous servant des ciseaux, du canif, des limes, enfin des outils qui conviendront le mieux.

Coupez alors votre manche de longueur à la ligne transversale du bas.

Reprenant alors le troussequin dont la pointe a encore dix lignes d'ouverture, retracez la ligne centrale sur la partie du manche que vous venez de chantourner, depuis A jusqu'à E.

Tirez ensuite avec une règle deux lignes droites; partant des deux points que vous avez marqués à la ligne transversale qui sépare le chevillier du manche; partant, dis-je, de ces deux points pour aller rejoindre les deux autres points, que vous avez également marqués au bas du manche, serrez votre morceau sous le valet, de manière à pouvoir fixer de chaque côté du manche tout ce qui est en dehors des deux derniers traits que vous venez de tracer, et prolongez vos deux traits de scie jusqu'à la ligne pointée K E. (Voyez la figure n° 35.)

Maintenant il ne reste plus qu'à s'occuper de la volute. Choisissant celle des gouges, dont la courbe se rapporte à celle de la spirale qui commence au bouton de la volute, après avoir fixé sur l'établi le manche couché sur un des côtés, vous tenez l'outil perpendiculairement, et vous l'enfoncez dans le bois toutes les fois que vous êtes sur le trait de la volute; le penchant ensuite, vous formez les creux arrondis, en laissant le moins possible d'inégalités dans ces creux que l'on finit avec des petits racloirs et le papier de verre. Il faut changer de gouges à fur et à mesure que la courbe de la spirale se redresse en s'éloignant du bouton.

Ce travail, fini des deux côtés du manche, il vous reste encore à figurer l'espèce de coulisse qui, partant de derrière le manche, vient en tournant finir au haut du chevillier dans lequel vous creusez enfin la mortaise.

Le travail du manche est difficile, on ne peut le nier; mais, avec de la patience et un peu d'exercice, on vient bientôt à bout de faire un beau manche.

Nous allons donner la manière de finir entièrement le manche jusqu'au moment de le réunir au corps de l'instrument.

La poignée qui doit avoir sept lignes d'épaisseur, du dessus au-dessous, n'offrant aucune difficulté, nous n'en parlerons plus, pour nous occuper du pied du manche. C'est ainsi que se nomme la partie qui s'enclave dans le tasseau du haut du violon d'un côté et qui, de l'autre, repose sur le talon du fond.

On ouvre un compas de quinze lignes, et, plaçant ses deux pointes sur le bout inférieur du manche, et justement vis-à-vis les deux points que vous avez marqués précédemment pour déterminer la largeur de cette partie, vous tracez un cercle avec une des pointes du compas en fixant l'autre sur le point indiqué. Ce cercle tracé, vous en faites un second dans le sens contraire, et le point où se rencontrent ces deux cercles, vous sert de guide pour tirer, de la ligne centrale du manche, un trait de prolongement qui partage le bout du manche en deux parties égales.

Prenant ensuite la largeur du talon du fond de l'instrument, et la partageant en deux avec le compas, vous la marquez sur le pied du manche en posant une pointe du compas sur la ligne que vous venez de tracer, et en faisant un point à droite et à gauche de cette ligne à la place qui devra s'appuyer sur le talon ; et, comme on ne peut voir à l'œil quelle sera cette place, voilà comme on opère pour la trouver.

Le manche devant déborder la table du violon de deux lignes, on commence par tirer avec le troussequin un trait de deux lignes au bout du manche, en appuyant cet outil sur le plat qui doit recevoir la touche : mesurant alors avec le pied de roi la hauteur des éclisses et de la table à partir du plat du talon, on rapporte sur le pied du manche, cette hauteur en-dessous du trait tiré au troussequin, et c'est là que vous devez marquer par les deux points dont j'ai parlé tout à l'heure la largeur du talon.

Tirant alors, à partir des deux lignes de droite et de gauche du plat du manche, et à l'endroit où elles se terminent au bout dudit manche, tirant, dis-je, deux traits qui viennent tomber sur les deux derniers points dont nous avons parlé, il ne s'agit plus que d'ôter le bois inutile des deux côtés du manche, ainsi que celui qui dépasse les deux points qui donnent la largeur du talon, votre manche est prêt à être enclavé dans l'instrument. La figure, n° 36, représente ce tracé du pied du manche.

CHAPITRE XI.

De la touche. Manière de la confectionner.

La touche est, sans contredit, de toutes les pièces composant les instrumens à archet, la plus simple et la plus facile à confectionner. Néanmoins, il y a quelques soins à prendre pour la rendre susceptible de bien remplir son but.

On commence donc par se faire un modèle qui présente au juste la longueur et la largeur de la touche, modèle qui n'offre pas la moindre difficulté, puisqu'il n'est autre chose qu'une planchette longue de neuf pouces neuf lignes, large, à un de ses bouts, de onze lignes, et l'autre de vingt lignes, (fig. 37.)

On coupe un morceau d'ébène à la longueur de dix pouces, et on le refend à quatre lignes d'épaisseur; posant alors le modèle sur l'ébène que vous avez refendu, on trace la touche et on la découpe.

La touche découpée, on dresse un de ses côtés à plat à la varlope. Ce côté est celui qui doit être collé plus tard sur le manche.

L'autre côté devant présenter une surface

arrondie, on commence par se faire un petit modèle semblable à la figure, n° 37 *bis*.

Comme il serait impossible d'arrondir la touche en la laissant à plat sur l'établi, on prend un morceau de hêtre qui ait en largeur quatre lignes de plus que la touche, et en longueur, deux pouces aussi de plus. Posant le modèle de touche sur le milieu de ce morceau de bois qui doit avoir deux pouces de hauteur, on tire, à droite et à gauche, deux traits qui soient chacun à deux lignes des bords de ce morceau, on donne deux traits de scie que l'on enfonce de une ligne et demie de profondeur en suivant les deux traits, on enlève le bois qui se trouve entre les deux traits de scie à une profondeur aussi de une ligne et demie, et c'est dans cette coulisse que l'on place la touche pour l'arrondir, d'abord avec la varlope, ensuite avec le grand rabot de fer, en se servant du petit modèle pour guide.

Pour que le morceau en question puisse se fixer sur l'établi, on scie à moitié son bout le plus large (voyez la fig. n° 38), et posant le bout étroit contre la griffe de l'établi, on serre par le moyen de l'entaille que l'on vient de faire, et par le valet, le morceau pour le fixer solidement.

CHAPITRE XII.

Placement du manche. Manière de le fixer dans le tasseau. Renversement.

Dans l'avant-dernier chapitre nous avons laissé le manche du violon prêt à être réuni au corps de l'instrument.

J'observerai, avant de décrire le travail objet de ce chapitre, que si la table du violon est d'une seule pièce, il faut avant d'aller plus loin, tirer sur la table une ligne au crayon qui, passant sur le point central qui se trouve entre les deux *ff*, partage ladite table en deux parties parfaitement égales. Cette ligne, comme on le verra tout-à-l'heure, servira à poser le manche droit, et à l'empêcher de pencher soit à gauche soit à droite de l'instrument.

Prenant donc le manche, vous posez son pied sur les éclisses à la place qu'il doit occuper, en ayant soin que la ligne centrale qui partage sa poignée en deux parties égales se trouve exactement vis-à-vis la ligne que vous venez de tracer sur la table. Prenez de la main droite la pointe à tracer, et maintenant de la main gauche, le pied du manche dans la position que je viens d'indiquer, tracez avec ladite pointe deux traits qui, partant du talon du fond, viennent finir à la table, marquent ainsi l'ouverture dans laquelle le pied du manche sera enclavé. Posez le manche sur l'établi, et avec le canif, coupez juste à ces deux traits, les éclisses et la partie de la table comprises entre eux. Donnez trois lignes de profondeur à cette entaille, en ayant soin de n'enlever que le bois nécessaire pour que lorsque vous présenterez le pied du manche dans l'entaille, il ne puisse y entrer qu'en le forçant un peu. Sans cette précaution il n'y aurait point de solidité dans l'ouvrage.

Quand donc le pied du manche est ajusté dans l'entaille et qu'il s'élève à deux lignes juste au-dessus de la table, il faut avoir soin de le faire pencher d'une demi ligne du côté de la chanterelle.

Ce travail fini, il faut s'occuper de donner au manche la pente en arrière ; c'est cette pente que l'on nomme renversement. Cette position du manche sert à faciliter le jeu de l'instrument, dans les passages où il faut se servir du démanché.

Pour s'assurer que le manche a le renversement convenable, voilà comme on procède :

Votre touche préparée comme nous l'avons dit au chapitre précédent, et ayant deux lignes d'épaisseur sur chacun de ses bords et trois lignes dans son centre, on la pose sur le manche (qui est déjà ajusté dans l'entaille) comme si ou l voulait la coller.

Vous tenez de la main gauche le manche et la touche, et prenant une règle bien dressée, vous a la posez sur le centre de la touche. Vous maintenez encore cette règle ainsi placée avec la main gauche, et prenant de la droite le pied de roi que vous placez debout sur la table, à l'endroit précis où se trouve le point, vous regardez si dans cet endroit la règle s'élève de douze lignes un quart au-dessus de la table.

Cette élévation de douze lignes un quart est la règle juste du renversement qui ne peut manquer d'être exact si l'on n'a pas oublié de donner au pied du manche les deux lignes d'élévation au-dessus de la table, ainsi que nous l'avons déjà recommandé.

Si donc en essayant votre renversement, vous remarquez que la règle ait plus de douze lignes un quart d'élévation, il faut avec le canif enlever dans l'entaille un peu de bois du tasseau, du côté de la table, et essayer de nouveau jusqu'à ce que vous arriviez à ce que votre règle ait enfin atteint la hauteur voulue.

Dans le cas où la règle n'atteindrait pas les douze lignes un quart de hauteur, il faudrait enlever un peu de bois de l'entaille du côté du talon du fond.

Je crois devoir avertir ici que cette opération est fort délicate et que mal faite elle influe très-sensiblement sur la bonté du son de l'instrument.

Avant de coller le manche dans son entaille il faut s'assurer qu'il est parfaitement droit.

Pour cela on a une règle de noyer qui n'a pas plus de cinq quarts de ligne d'épaisseur, afin qu'elle puisse plier. Posant donc cette règle sur la ligne que l'on a tracée au crayon sur la table et sur le trait central du manche, il est facile de voir s'il penche d'un côté ou de l'autre, et s'il en est ainsi on y remédie en enlevant aussi dans l'entaille un peu de bois du côté où la chose est nécessaire pour le redresser.

Votre manche étant donc posé d'après ces indications, il ne vous reste plus qu'à le coller.

Prenant une harpe, vous lui donnez l'ouverture convenable et la posez sur l'établi pour vous en servir tout-à-l'heure.

Vous taillez ensuite un morceau de liége de cinq lignes d'épaisseur sur deux pouces de long et un pouce de large. Ce morceau est destiné à être placé en travers, sous le talon et le tasseau du fond, pour recevoir le bec de la harpe et l'empêcher de faire une foulure quand vous serrerez la vis.

Ces préparations terminées, enduisez avec le pinceau tout l'intérieur de l'entaille de colle, faites entrer le pied du manche dans l'entaille, placez votre morceau de liége. Sous le talon et le tasseau comme je l'ai dit, posez le bec de la harpe sur le liége et le tourillon sur le plat du manche et à son extrémité, et serrez fortement en maintenant de la main gauche le manche pour l'empêcher de dévier de l'entaille. Lavez les bavures de colle avec l'eau chaude du bain-marie et un pinceau et posez le violon dans un endroit où il puisse sécher.

Au bout d'une demi-heure, ôtez votre harpe, et reprenant la touche et la règle, vérifiez votre renversement, et s'il est juste replacez la harpe comme devant, et laissez sécher.

Observations.

Il est inutile, je pense, de dire que quand la table de l'instrument est de deux pièces il n'est pas nécessaire de tirer sur son centre la ligne au crayon dont j'ai parlé, puisque le joint de la table remplace cette ligne.

Dans les temps humides il est bon de chauffer un peu, en le présentant au feu, le manche avant de l'introduire dans l'entaille. C'est le moyen de faire sécher plus vite la colle.

Il est encore bon de piquer avec la pointe à tracer ou avec la pointe du canif un grand nombre de petits trous dans le plat du pied du manche et à sa partie qui viendra s'asseoir sur le talon. Ce moyen permet à la colle de mieux faire son effet.

CHAPITRE XIII.

Du placement de la touche sur le manche. Du grand et du petit sillet, et manière de les confectionner.

Le collage du pied du manche étant sec, et la harpe enlevée, il faut s'occuper de coller la touche sur le manche.

La touche étant parfaitement dressée, et ayant les épaisseurs et proportions indiquées précédemment, on la colle sur le manche en ayant soin de laisser, entre le chevillier et son bout étroit, un intervalle de deux lignes. Cet intervalle de deux lignes est destiné à recevoir le sillet des cordes.

Pour coller la touche, il ne s'agit que de couvrir de colle le plat du manche, et posant ensuite la touche sur cette colle, on serre au moyen d'un morceau de tresse le manche et la touche en observant d'empêcher cette dernière de déborder d'aucun côté, ce qui est facile, puisque les deux traits tracés sur le manche, tant à sa droite qu'à sa gauche, indiquent son emplacement.

Prenant alors un morceau d'ébène d'une dimension propre à en faire un sillet, on le rabote avec la varlope en lui donnant trois à quatre lignes de haut sur deux lignes de large, et on le colle à sa place. La longueur de ce morceau doit naturellement déborder un peu de chaque côté le manche du violon.

Le sillet du bas, autrement dit le grand sillet, est cette pièce d'ébène placée au-dessus du bouton de l'instrument, et qui est destinée à porter la corde qui fixe le cordier au bouton.

On donne ordinairement à ce sillet un pouce de longueur sur trois lignes de hauteur et autant de largeur.

Pour lui donner plus de solidité, on le fait entrer de trois lignes dans la table et d'autant dans les éclisses.

Au reste cette pièce est tellement simple, qu'il suffit, à l'œil le moins exercé, d'en voir une semblable, pour pouvoir l'exécuter de suite. Le seul soin à prendre dans sa confection, consiste à l'élever assez au-dessus de la table pour que le cordier ne puisse toucher cette dernière, et ensuite à l'arrondir à l'angle qui doit porter l'attache du cordier, de manière à ce qu'il ne puisse la couper.

Quand le collage des sillets et de la touche est sec, on enlève avec un canif le plus gros du bois inutile des deux sillets, et, prenant la lime, on donne la forme voulue à ces pièces, et on dispose le sillet de la touche de manière à ce qu'il n'ait qu'une demi-ligne de plus qu'elle en élévation.

Avec le canif encore, on finit de donner la forme à la poignée du manche qui, sur ses côtés, doit être affleuré avec la touche, on rabat avec la lime les coups de canif, et enfin on polit avec le papier de verre.

On entaille ensuite avec une petite queue de rat, (une petite lime ronde) les quatre crans destinés à recevoir les cordes, en les faisant le moins profonds possible, et enfin on polit avec le papier de verre.

Alors il faut percer au milieu des éclisses et au point de leur jonction, le trou destiné à recevoir le bouton.

CHAPITRE XIV.

Des dispositions à prendre pour préparer l'instrument à recevoir le vernis.

Le violon arrivé au point où nous l'avons laissé dans le chapitre précédent, il faut prendre un racloir bien affuté, et racler légèrement sur toutes ses surfaces extérieures, soit les petites inégalités qui pourraient encore exister, soit les taches de colle ou autres que le maniement aurait pu y laisser en le confectionnant. Cette opération finie, on polit avec le papier de verre toutes les parties extérieures de l'instrument.

Prenant alors une éponge bien propre, imbibée d'eau, on mouille légèrement le violon et on le laisse sécher.

Enfin on recommence ces opérations jusqu'à ce que le bois, parfaitement poli, ait l'apparence d'un vernis peu brillant.

Préparant alors une eau de colle très-légère, vous en donnez une couche à l'instrument, et, lorsque cette couche est parfaitement sèche polissez encore avec le papier de verre, et l'ouvrage est prêt à recevoir le vernis.

CHAPITRE XV.

De l'application des vernis et de la manière de les polir.

Nous commencerons par parler des couleurs appliquées avant le vernis. Il faut avoir, pour chaque espèce de couleur, un pinceau particulier.

Les pinceaux dont on se sert en cette occasion sont en soies de porc très-fines.

Il faut prendre peu de couleur à la fois.

On place, dans le trou du bouton, un morceau de bois assez long pour qu'on puisse, en le saisissant de la main gauche, tenir le violon isolé, et c'est dans cette position qu'on lui donne la couleur.

On tend un fil d'archal dans un endroit bien aéré, mais où cependant aucune poussière ne puisse s'introduire, et le violon couvert de la couleur, on l'accroche par la volute à ce fil d'archal, et on le laisse sécher.

Si la première couche ne vous paraît pas suffisante ou assez forcée, donnez-en une seconde, après toutefois que la première est bien sèche.

Après chaque couche sèche, essuyez tout le violon avec un linge propre, mais vieux et usé.

Maintenant, pour appliquer le vernis, commencez par en verser ce que vous supposez nécessaire dans une tasse bien propre.

Ayez un pinceau plat en poils de blaireau, trempez-le dans le vernis, et, avant de l'appliquer, essuyez votre pinceau sur le bord de la tasse; car il faut étendre le vernis le plus mince possible, en donnant, sur chaque endroit de l'instrument, seulement deux coups de pinceau, l'un en allant, l'autre en revenant.

N'appliquez jamais une seconde couche de vernis que la première ne soit parfaitement sèche.

Enfin, pour les vernis à l'esprit-de-vin, donnez sept à huit couches, et seulement deux pour les vernis gras.

Polissez les vernis à l'esprit avec un chiffon imbibé d'huile de lin et de tripoli, en ayant soin de frotter en faisant décrire à la main des petit cercles.

Ne frottez pas trop long-temps à la même place, de peur de manger tout le vernis. Enfin, remettez de l'huile sur le chiffon quand vous sentez qu'il s'attache au vernis.

Essuyez l'instrument avec un linge doux et propre. Pour obtenir un très-beau vernis, il faut polir après chaque couche.

Pour le vernis gras indiqué dans le chapitre des couleurs et vernis, on peut se dispenser de le polir. Cependant si on le veut polir, son éclat, quoique moins vif, n'en est pas moins agréable. Ce vernis alors se polit de la manière ci-dessus indiquée en prenant, au lieu d'huile et de tripoli, de l'eau et de la pierre-ponce pulvérisée extrêmement fin, et passée au tamis de soie.

CHAPITRE XVI.

De l'ame, des chevilles, du chevalet et autres accessoires du violon. Manière de le monter, et enfin de l'amener au point d'être joué.

Quand le violon est vernissé, on s'occupe de polir la touche et les sillets. Pour cela, on met tremper, pendant quelques minutes, cinq ou six morceaux de prêle dont on a coupé les nœuds, et on frotte en mouillant toujours la prêle jusqu'à ce que l'ébène ait un beau poli. Prenant ensuite un chiffon imbibé d'huile mêlée de tripoli et de charbon pilé et tamisé bien fin, on frotte jusqu'à ce que cette main-d'œuvre ait donné à vos pièces un éclat semblable au vernis.

Ce travail terminé, on perce avec une mèche d'une dimension plus faible que ne sera celle de la tige des chevilles les trous qui devront les recevoir, et avec la lousse on les élargit de manière à ce que les chevilles puissent s'y adapter. Cet ajustage, qui ne paraît en rien difficile, exige cependant beaucoup de soins.

La chose au monde la plus désagréable pour le joueur d'instrumens à archet, est d'avoir à se servir de chevilles qui sautent, ne roulent que par saccades et échappent.

Pour éviter cet inconvénient, il faut que le luthier ait soin, pour ajuster les chevilles, de se servir d'une lime qui ne soit ni trop fine ni trop grossière ; il faut qu'il ait soin de faire serrer également la cheville dans les deux trous qu'elle remplit, pour l'empêcher de se tordre d'abord et de se rompre ensuite ; il faut encore que les trous soient percés bien ronds, ce qui est facile quand la lousse est affutée de manière à couper nettement et sans effort de la main qui la dirige.

Il est un petit moyen que tout le monde ne connaît pas, pour faire rouler également les chevilles et pour les empêcher d'échapper. Voilà ce moyen.

Prenez deux parties blanc de Troyes, réduit en poudre subtile, ajoutez-y une partie colophane aussi en poudre. Mêlez bien ces deux matières, et quand les chevilles sont ajustées, prenez un morceau de savon bien sec, frottez-en légèrement les tiges des chevilles, ensuite couvrez-les de la composition ci-dessus et elles iront au gré de vos désirs.

Avant d'aller plus loin, je dirai que les chevilles et les boutons étant l'ouvrage du tourneur, c'est près de ce dernier que le luthier se procure ces fournitures. Les chevalets et les cordiers s'achettent des marchands roulans de Mirecourt, et à si bon marché, qu'il n'est presque pas de luthiers qui confectionnent ces deux objets. Celui qui cependant voudrait s'en occuper, réussira bientôt à faire des cordiers : quant au chevalet, il lui faudra beaucoup de temps avant d'en faire un qui soit aussi bien fait et d'une forme aussi gracieuse que ceux de Mirecourt. Dans cette ville de fabrique, l'ouvrier qui fait des chevalets ne fait rien autre chose, aussi les fait-il parfaitement et habilement.

Les chevilles ajustées, on perce à chacune d'elle et au moyen du foret, le petit trou nécessaire pour y fixer le bout de la corde.

On met une attache au cordier. Cette attache est formée d'un morceau de ré de basse.

Avant d'aller plus loin, il faut faire une ame et la poser dans l'instrument.

Cette pièce, qui est si peu de chose par elle-même, influe beaucoup sur le son, et nous allons donner tous les détails nécessaires pour la confectionner, et ensuite pour la placer convenablement.

On prend un morceau de sapin bien sec et sans nœuds, on le dresse carré avec la varlope. On diminue chaque face du carré jusqu'à ce que, présentant le morceau à l'ouverture de l'*f* droite du violon, il puisse y entrer. Alors, avec le canif, vous abattez les quatre angles du carré, et et prenant une lime vous arrondissez bien cylindriquement votre morceau. Essayant alors la hauteur que doit avoir votre ame, vous la coupez, et la polissez au papier de verre.

Pour savoir quelle sera la hauteur de l'ame, on prend un bout de fil de fer, une aiguille à tricoter, etc., et le passant dans le rond du haut de l'*f*, on fait descendre sa pointe sur le fond du violon, pinçant alors le fil de fer à la surface de la table, on le retire et on a la longueur que l'on doit donner à l'ame.

Les fils du sapin de l'ame, quand elle est posée, doivent se trouver en travers des fils du sapin de la table.

Ne perdez pas de vue cette observation, afin de mieux comprendre ce qui me reste à expliquer.

Le fond et la table du violon n'étant pas justement plats, mais bien voûtés, il faut, pour que la tête et le pied de l'ame joignent parfaitement à ces deux parties, il faut, dis-je, que le pied et la tête de l'ame soient taillés un peu en biais : c'est avec un canif parfaitement affilé que l'on donne ce biais à l'ame, et ce biais doit être pris dans le sens des fils du sapin.

Prenant alors la pointe aux ames, vous enfoncez son côté pointu dans l'ame, à quatre à cinq lignes au-dessous de sa tête et dans la partie tendre de son bois. Faisant alors passer l'ame par l'*f* droite du violon, vous appuyez son pied sur le fond en penchant sa tête vers le bas du violon ; une fois le pied placé à-peu-près à l'endroit qu'il doit occuper définitivement, vous redressez l'ame et vous la faites glisser sous la table jusqu'à ce qu'elle soit dans une position verticale. Vous retirez alors la pointe du corps de l'ame et retournant l'outil vous finissez par la mettre à sa vraie place au moyen des crochets.

La place de l'ame est à deux lignes derrière le pied du chevalet, et à neuf lignes juste d'éloignement du point central de la table, c'est-à-dire que si vous vous figurez une ligne tirée parallèlement au joint de la table de l'instrument, la partie extérieure du pied du chevalet et la partie aussi extérieure de la tête de l'ame se trouveront toutes deux sur cette ligne dont l'éloignement du joint est de neuf lignes.

L'ame posée, placez le bouton qui doit entrer un peu à force dans le tasseau afin de lui donner la solidité convenable.

Il nous reste à placer le chevalet et à le disposer à recevoir les cordes qui doivent monter l'instrument.

On commence par bien ajuster les pieds du chevalet sur la table et de manière à ne pas laisser exister le moindre intervalle entre ces deux parties, car le son devient rauque et sourd si les pieds du chevalet ne sont pas parfaitement appuyés dans toute leur surface sur la table.

Le dessus du chevalet doit être arrondi, de manière à ce qu'en se servant de l'archet, on ne puisse toucher sans le vouloir plusieurs cordes à la fois. Il ne faut pas non plus qu'il soit trop arrondi, parce que il en résulterait de la difficulté pour le joueur qui serait obligé de faire trop de mouvemens pour conduire l'archet de la chanterelle à la quatrième. Enfin, il faut lui donner à-peu-près la même voûte que celle que nous avons indiquée pour la touche. Donnez ensuite le moins de profondeur possible aux quatre petits crans qui serviront à retenir les cordes en place.

Enfin, la hauteur du chevalet doit être telle que la quatrième (le sol) soit élevée de deux lignes et demie au dessus du bout de la touche, le *ré* et le *la* insensiblement moins, et enfin la chanterelle de deux lignes.

Il ne reste donc plus pour terminer entièrement le violon que d'y fixer les cordes, opération tellement simple que nous croirions ridicule de l'expliquer.

CHAPITRE XVII.

Explication de quelques différences existant dans le travail des altos, basses et contre-basses comparé à celui du violon.

Alto.

La hauteur de ses éclisses au bouton est de quinze lignes et demie et de quatorze lignes et demie au tasseau du manche.

Son manche qui a cinq pouces six lignes de longueur, doit avoir douze lignes de largeur au sillet et seize lignes à l'extrémité qui domine son pied.

Son renversement est de treize lignes et demie au point des *ff*, son manche étant élevé de deux lignes et demie au-dessus de la table.

Enfin sa barre a un demi-pouce de plus en longueur que celle du violon, une demi-ligne de plus en épaisseur et une ligne de plus en hauteur.

Ses épaisseurs ont partout un tiers de ligne de plus que le violon.

Basse ou violoncelle.

La hauteur de ses éclisses au bouton est de quatre pouces, et au tasseau trois pouces neuf lignes.

Son manche au sillet a quatorze lignes de largeur et vingt-deux lignes à son extrémité du côté de son pied.

Son renversement est de trois pouces au point des *ff*, son manche étant élevé de sept lignes au-dessus de la table.

Son manche a dix pouces huit lignes de longueur et doit entrer de six lignes dans l'entaille du tasseau.

Ses épaisseurs sont partout le double de celles du violon, et la barre est aussi le double de celle du violon.

Contre-Basse.

La hauteur de ses éclisses au bouton est de huit pouces et au tasseau de sept pouces six lignes.

Son manche au sillet a vingt lignes de largeur et à l'autre bout trois pouces.

Son renversement est de cinq pouces, son manche étant élevé de un pouce au-dessus de la table.

Son manche a vingt-deux pouces de longueur et doit entrer de huit lignes dans l'entaille du tasseau.

Ses épaisseurs sont le double de celle du violoncelle. Sa barre est aussi le double de celle du violoncelle.

Tous ces instrumens se façonnent de la même manière que le violon, seulement leurs dimensions étant beaucoup plus fortes il faut que les outils leur soient proportionnés; du reste, le travail est en tous points semblable à celui que nous avons décrit pour le violon.

CHAPITRE XVIII.

Des couleurs et des vernis.

Les anciens maîtres dont les ouvrages servent aujourd'hui de modèles aux luthiers, mêlaient la couleur aux vernis ; soit que leurs procédés ne nous soient pas parvenus, soit que les préparations qu'exigent ces sortes de vernis aient dégoûté les luthiers de nos jours de s'en servir, le fait est que très-peu d'ouvriers emploient des vernis coloriés qui sont cependant bien préférables à ceux qui sont appliqués sur les instrumens, après que ceux-ci ont été mis en couleur au moyen de teinture.

Voulant satisfaire autant qu'il est en notre pouvoir les personnes qui recourront à notre Manuel, nous allons donner la description des deux procédés en commençant par les couleurs appliquées aux instrumens avant qu'on les ait vernissés.

Couleur noire.

Cette couleur sert à teindre les sillets que l'on ne veut pas faire en bois d'ébène.

Les luthiers qui fabriquent des instrumens de

bas prix s'en servent aussi pour noircir les cordiers, les touches, les chevilles et enfin les pièces qui, dans les instrumens soignés, sont en bois d'ébène.

On fait bouillir pendant trois quarts d'heure, dans une bouteille d'eau, un quart de livre de bois d'Inde; on retire le vase du feu, et versant doucement la teinture dans une terrine, on y ajoute pendant qu'elle est encore chaude une demi-once de couperose broyée.

On applique cette teinture, au moyen d'un pinceau, sur les pièces que l'on veut noircir; on les laisse sécher et l'on recommence l'opération jusqu'à ce que le noir vous paraisse avoir atteint le degré que vous désirez.

Il est à observer que plus long-temps vous laissez bouillir la matière, plus votre noir est beau.

Cette manipulation terminée, on applique également avec le pinceau, sur les pièces à noircir, une ou deux couches de la composition préparée de la manière suivante :

On remplit à moitié un pot de terre avec du meilleur vinaigre que l'on puisse se procurer, on jette dans ce vinaigre de vieux morceaux de fer rouillé, (les plus rouillés sont, bien entendu, les meilleurs), il faut que le vinaigre surnage d'un pouce environ sur le fer. On a le soin de remuer souvent cette composition qu'il faut laisser pendant deux ou trois semaines, et remettre du vinaigre au fur et à mesure qu'il diminue.

Couleur rouge.

Cette couleur est très-solide et coûte fort peu.
Faites bouillir dans une bouteille d'eau un quart de bois de fernambouc haché très-menu avec trois quarts d'once d'alun. Laissez les matières sur le feu pendant une bonne demi-heure : tirez au clair et appliquez avec un pinceau.

Plus on laisse bouillir plus la couleur devient foncée.

Couleur brune.

Faites bouillir pendant une bonne demi-heure, dans une bouteille d'eau, une demi-livre de bois de campêche haché menu, avec trois quarts d'once d'alun. Appliquez comme précédemment après avoir tiré au clair.

Les luthiers du Tyrol se servent du moyen suivant pour donner aux instrumens qui sortent de leurs mains un air vieux.

Après avoir appliqué cette couleur sur toutes les parties de l'instrument, ils trempent le pinceau dans de l'eau chaude avec laquelle ils découvrent la couleur dans les endroits qui sont censés usés par l'usage qu'on aurait fait de l'instrument, comme la poignée du manche, le cercle et la partie de la table qui s'appuient sous le menton du musicien, etc.

Couleur jaune.

On obtient une fort belle couleur jaune en faisant bouillir dans une chopine d'eau deux onces de curcuma avec une demi-once d'alun; pendant que les matières sont en ébullition on essaie de temps à autre, au moyen d'un pinceau, si la couleur que l'on étend sur un morceau de bois est au degré de clair ou de foncé que l'on désire. La couleur ayant le ton que vous cherchez, retirez du feu : tirez au clair et conservez pour l'usage.

Couleur jaune-orangé.

Voici la couleur dont les luthiers de Mirecourt se servent presque exclusivement et qui est fort belle.

On fait bouillir dans un quart de litre d'eau, deux onces de rocou avec une once de potasse. Après trois ou quatre bouillons retirez du feu. Laissez reposer pendant vingt-quatre heures la matière et versez le plus clair dans une bouteille bien propre.

Observations essentielles sur cette couleur.

Le rocou se gâtant très-vite, il faut n'en faire qu'au fur et à mesure du besoin que l'on se trouve en avoir.

En faisant cette couleur, comme aussi en la versant après sa cuisson dans une bouteille, il faut avoir bien soin qu'aucun corps étranger ne s'y mêle, car la composition tournerait de suite et perdrait absolument toutes ses qualités.

Avant de faire bouillir le rocou, il faut avoir soin de le bien écraser dans un peu de l'eau destinée à le faire cuire, de manière à ce qu'il soit entièrement délayé.

Couleur brun-rouge.

On obtient cette couleur, qui est généralement celle des vieux violons allemands, en faisant cuire une once de rocou avec une once de terre de Cassel et une once de potasse dans un quart de litre d'eau.

Il faut comme pour la couleur ci-dessus écraser et délayer le rocou et la terre de Cassel avant de les soumettre à l'action du feu.

Cette composition doit bouillir un peu plus long-temps que la première, parce que la terre de Cassel est plus long-temps à se dissoudre que le rocou.

Laissez reposer vingt-quatre heures, et tirant la liqueur au clair, renfermez-la dans une bouteille et bouchez.

Couleur d'acajou.

Cette couleur s'obtient en faisant cuire pendant une demi-heure une livre de garance moulue avec un quart de bois jaune dans une bouteille d'eau.

Par ce moyen vous obtenez une couleur d'acajou claire.

Si vous voulez que cette même couleur soit plus foncée, employez en place du bois jaune un quart de livre de bois de Campêche ou de Santal.

Ces couleurs (la claire ou la foncée) étant appliquées sur le bois, il faut faire dissoudre dans un quart de litre d'eau un quart d'once de potasse et en donner une couche au bois, après toutefois que les premières couches sont entièrement sèches.

Observations indispensables pour obtenir toutes les couleurs que nous venons d'indiquer, avec la perfection dont elles sont susceptibles.

1°. Il faut autant que possible se servir d'eau de rivière ou d'eau de pluie;

2°. Employer pour chaque couleur un pot de terre vernissé intérieurement;

3°. Remuer pendant la cuisson avec un morceau de bois de sapin;

4°. Se servir toujours du même pot pour la même couleur.

5°. Enfin, entretenir sous les pots un feu égal, et retirer du feu le pot chaque fois que l'ébullition fait monter la matière, pour le remettre au feu dès que les bouillons trop précipités ont cessé.

6°. Laisser un peu s'épaissir la matière pour avoir la couleur plus foncée qu'on ne le désire, et cela par la raison toute simple qu'on peut toujours plus tard la rendre plus claire en y ajoutant un peu d'eau, tandis que si elle est trop claire elle ne peut servir, une même couleur ne pouvant être deux fois remise au feu sans se tourner;

7°. Enfin un feu de charbon est préférable à un feu de bois, parce qu'en jetant quelques cendres sur les charbons trop ardens, on gouverne son pot à volonté.

DES COULEURS

Destinées à être mêlées avec le vernis à l'esprit de vin.

Couleur noire.

Le seul moyen que je connaisse pour obtenir un beau noir est le suivant :

Remplissez de bonne encre un plat de terre vernissé; exposez-le, si c'est en été, à l'ardeur du soleil; si c'est en hiver, placez-le sur un poêle, et laissez-le jusqu'à ce que tout le liquide, par suite de l'évaporation, n'ait laissé sur le plat qu'une espèce de croûte noire. Au moyen d'un couteau arrondi ou d'un morceau de bois, détachez ce noir du fond du plat, et broyez-le avec une molette de verre sur un marbre ou sur un morceau de glace avec un peu d'esprit de vin; ensuite mêlez-le au vernis en telle quantité qu'il sera nécessaire pour fournir un beau noir.

Les Allemands broient du noir de lampe avec le vernis, et l'appliquent ensuite : ce procédé est beaucoup plus prompt, mais le noir est désagréable à l'œil, en cela qu'il tire sur le gris.

Couleur rouge.

Opérez de la même façon qu'à l'article précédent, avec le rouge tiré au clair, indiqué pour les couleurs appliquées avant le vernis; mais si vous voulez un rouge foncé, procédez de la manière suivante :

Faites bouillir dans un pot de terre neuf et vernissé deux onces laque plate, la plus foncée en couleur que vous pourrez trouver, avec un huitième d'once couperose verte; retirez du feu quand la couleur sera à votre gré assez foncée; laissez reposer vingt-quatre heures; tirez au clair, et faites dessécher comme pour le noir, et broyez avec l'esprit de vin pour mêler au vernis.

Couleur brune.

Même opération que pour le noir, en employant en place d'encre la couleur indiquée précédemment dans les couleurs appliquées avant le vernis.

Couleur jaune.

Faites simplement infuser du curcuma ou du safran pendant vingt-quatre heures dans l'esprit de vin, et mêlez avec le vernis.

Je crois devoir observer ici que le curcuma se nomme aussi *terra merita*.

Le curcuma et le safran donnent bien tous deux une couleur jaune, mais il existe cependant une différence entre ces deux principes colorans.

Il est une troisième drogue qui, dissoute dans l'esprit, produit aussi un beau jaune, c'est la gomme gutte ; mais il faut la dissoudre par le bain-marie. Nous expliquerons à l'article vernis ce que c'est que le bain-marie.

Couleur brun-rouge.

Opérez absolument comme pour le noir, en prenant la couleur indiquée à l'article des couleurs appliquées avant vernis.

Couleur d'acajou.

Faites infuser dans six onces esprit de vin une demi-once curcuma et une demi-once sang-dragon; laissez dissoudre ces matières pendant quatre ou cinq jours, en ayant soin de remuer souvent la bouteille, et mêlez après la solution parfaite des gommes cette couleur au vernis; mettez dissoudre plus ou moins que la quantité ci-dessus indiquée de curcuma ou de sang-dragon, suivant que vous voulez avoir la couleur plus ou moins tirant sur le jaune, ou plus ou moins tirant sur le rouge.

Si l'on est pressé, il est un moyen d'obtenir plus vite la solution des matières, c'est de poser la bouteille légèrement bouchée sur un poêle chaud, en ayant soin de mettre entr'elle et le poêle une feuille de papier pliée en quatre doubles.

Couleur jaune-orangé.

Mettez dans une bouteille un quart de litre esprit de vin, une once et demie rocou et un quart d'once potasse; laissez infuser deux ou trois jours en remuant souvent la bouteille; laissez reposer pendant trois autres jours, et versez ce qui est clair avec beaucoup de précaution dans une autre bouteille, pour mêler ensuite au vernis.

VERNIS A L'ESPRIT DE VIN.

Vernis commun et cependant solide.

Ce vernis, comme tous ceux de la même espèce que nous allons décrire, se ferait pour ainsi dire de lui-même, en laissant les matières qui le composent dans une bouteille bien bouchée; mais comme il est bon en toute espèce de travail de faire vite et bien, nous indiquerons ici le moyen du bain-marie que l'on peut employer pour tous les vernis à l'esprit de vin.

Le bain-marie consiste à renfermer dans une bouteille tous les ingrédiens destinés à faire un vernis.

1°. Il faut que la bouteille soit au moins d'un tiers plus grande qu'il ne serait nécessaire pour contenir les matières;

2°. Il faut qu'elle soit hermétiquement bouchée avec un papier plié en double et une ficelle;

3°. Ne pas oublier de piquer ce papier avec une épingle, pour donner à l'air intérieur de la bouteille une issue, qui, si elle n'était pas préparée, ferait éclater le verre.

Ces précautions observées, vous prenez un vase quelconque, une casserole par exemple, soit de terre, soit de fer-blanc; vous posez au fond de cette casserole une planchette de bois, du foin ou des copeaux, et vous mettez la bouteille sur celle de ces matières que vous aurez employée pour empêcher le cul de la bouteille de communiquer avec le fond de la casserole, contact qui pourrait faire éclater le verre ; ceci fait, vous versez de l'eau dans la casserole, en ayant bien soin que l'eau se trouve à un pouce au-dessous du liquide renfermé dans la bouteille ; alors vous mettez votre casserole sur un feu de charbon que vous gouvernez de manière à ce que les bouillons de la bouteille ne montent pas trop fort. De temps à autre vous retirez la bouteille de l'eau pour voir si les ingrédiens sont entièrement fondus ou dissous ; si vous n'apercevez plus de morceaux, et quand tout le contenu de la bouteille est entièrement bien fondu, vous retirez la casserole du feu, et vous laissez tomber la chaleur.

Prenant alors la bouteille, vous la débouchez et vous passez le vernis à travers un linge qui ne soit ni trop fin ni trop grossier, pour ensuite le mettre dans une autre bouteille bien propre et bien sèche intérieurement.

Nous revenons au vernis commun que nous avons annoncé, et qui se compose ainsi qu'il suit :

Trois onces gomme laque ;
Une demi-once sandaraque ;
Une demi-once mastic en larmes ;
Une chopine esprit de vin.

Il faut avant de les mettre dans la bouteille avec l'esprit de vin piler quelque peu grossièrement ces trois sortes de résines ; si elles étaient pilées trop fin, elle se dissoudraient moins facilement, parce qu'alors elles se réuniraient en masse.

Avant d'aller plus loin, nous donnerons le moyen d'éprouver la qualité de l'esprit de vin.

Prenez une pincée de poudre à tirer, que vous mettrez dans une cuiller à bouche ; versez par-dessus un peu de l'esprit que vous voulez employer, de manière à ce que la poudre soit entièrement couverte ; allumez l'esprit avec un morceau de papier. Si l'esprit est bon, la poudre s'enflammera quand l'esprit aura cessé de brûler.

Vernis meilleur que le précédent.

Deux onces gomme laque ;
Quatre onces sandaraque ;
Une once mastic en larmes ;
Une once gomme élémi ;
Deux onces térébenthine de Venise ;
Deux onces verre pulvérisé ;
Trente-deux onces esprit de vin.

Observations.

1°. Toutes les gommes que l'on emploie ne doivent être mêlées qu'après avoir été bien nettoyées et séparées des corps étrangers qui pourraient se trouver mêlées parmi elles;

2°. Le verre pilé ne sert à autre chose qu'à empêcher les matières de se réunir en masse; en filtrant le vernis il se trouve dans le linge qui a servi à cette opération, et ne peut par conséquent nuire au brillant;

3°. Il faut avoir soin de faire dissoudre aussi au bain-marie dans l'alcool ou esprit de vin, la térébenthine, avant d'ajouter les autre ingrédiens;

Ce vernis est très-beau et très-solide.

Vernis blanc pour les tables de guitares.

Ce vernis, pour être absolument sans couleur, doit être préparé de la manière suivante :

On prend une livre de térébenthine de Venise que l'on verse dans un pot de terre neuf bien vernissé; on verse sur la térébenthine autant d'eau que de lessive ordinaire, en quantité suffisante, pour que la térébenthine soit bien recouverte; on fait bouillir le tout sur un feu de charbon, jusqu'à réduction de moitié; on retire du feu, et on verse de l'eau froide dans le pot.

Le tout refroidi, on jette la lessive et on pétrit bien la térébenthine dans les mains; enfin, on recommence l'opération jusqu'à ce que cette matière soit devenue parfaitement blanche, et on la laisse bien sécher.

Prenez alors trois onces de sandaraque bien nettoyée, et autant de térébenthine traitée comme ci-dessus; faites fondre dans un pot de terre vernissé, à une douce chaleur, d'abord la térébenthine; quand elle est bien fondue, ajoutez-y la sandaraque pulvérisée, en remuant continuellement avec un morceau de sapin; versez le tout bien fondu dans une écuelle remplie d'eau froide; quand cette masse s'est durcie, cassez-la en morceaux, réduisez-la en poudre, et ajoutez seize onzes esprit de vin.

Prenez alors trois onces de ce vernis; mêlez-le avec douze onces d'esprit de vin, et ajoutez-y une once et demie de térébenthine préparée comme dessus; renfermez le tout dans une bouteille que vous exposerez au soleil ou sur un poêle modérément chauffé, et vous aurez un très-beau vernis qui séchera en peu de temps.

VERNIS COLORIÉS A L'ESPRIT DE VIN.

Vernis couleur d'or orangé.

Faites infuser pendant vingt-quatre heures dans vingt onces esprit de vin, trois quarts d'once de curcuma, douze grains safran oriental; passez cette infusion, et versez-la sur un mélange bien pulvérisé de trois quarts d'once de gomme gutte, deux onces de sandaraque, autant de gomme élémi, une once sang-dragon en roseaux, et une once laque en grains; faites dissoudre au bain-marie.

Vernis rouge des Indes.

Une demi-once cochenille.
Une once sang-dragon.... } pulvérisés;
Une once gomme laque.
Un quart de litre esprit de vin.
Faites dissoudre au bain-marie, et filtrez.

Vernis gras, autrement dits vernis à l'huile.

Tous les luthiers célèbres de l'Italie et de l'Allemagne, tels que les Amati, les Stradivari, les Stainer, se sont servis de vernis gras ou vernis à l'huile, qui sont bien plus beaux et bien plus durables que ceux à l'esprit de vin. Ils ont encore sur ces derniers un grand avantage, celui de n'avoir pas besoin d'autant de poli; de plus, deux couches appliquées à un instrument suffisent pour en couvrir le bois, aussi bien que le feraient sept à huit couches de vernis à l'esprit de vin.

Les matières composant ce vernis sont : 1° le

succin; 2° l'huile de lin; 3° l'essence de térébenthine.

Avant de pouvoir s'occuper du vernis, il faut préparer l'huile pour la rendre siccative, car si on l'employait naturelle, le vernis serait un temps infini à sécher.

Il y a deux moyens de rendre cette huile siccative. Le premier, que nous allons indiquer, est connu de tous les peintres en bâtiment : voilà en quoi il consiste :

On prend une livre d'huile de lin, une demi-once de litharge, autant de céruse, de terre d'ombre et de plâtre; on fait bouillir le tout dans un pot de terre vernissé à un feu doux et égal, en ayant soin d'écumer. Dès que l'écume commence à devenir rousse et rare, on arrête le feu, et on laisse reposer l'huile pour la tirer ensuite au clair.

Il est bon de dire que cette opération doit se faire dans un jardin, pour éviter les accidens et la mauvaise odeur qui s'exhale pendant la cuisson.

Le second procédé n'offre pas ces inconvéniens, mais il est plus long.

On mêle à vingt-cinq livres d'huile de lin une demi-livre d'acide muriatique (esprit de sel), et on laisse reposer le mélange jusqu'à ce que l'acide soit séparé de l'huile qui devient claire et limpide.

On remplit alors au quart une bouteille de

sable bien lavé et séché ; on verse dans la bouteille ainsi préparée une partie d'huile et deux parties d'eau bouillante, et on a soin de remuer la bouteille plusieurs fois dans le jour; quand l'huile a déposé sur le sable, on retire avec précaution l'huile, on jette ensuite l'eau, on remet l'huile sur le sable, et on verse de l'eau fraîche sur l'huile; on recommence l'opération jusqu'à ce que l'eau ne se trouble plus, on laisse reposer quelques jours, et on met l'huile dans une bouteille propre et sèche.

L'huile ainsi préparée, on procède à la confection du vernis.

On prend quatre onces de succin bien nettoyé des corps étrangers qui peuvent y être mêlés; on casse ce succin en morceaux de la grosseur de petits pois, et on les met dans un pot de fer qui n'ait jamais servi; on verse sur ces morceaux de succin une cuillerée d'essence de térébenthine; on couvre le pot de son couvercle, et on le met sur un feu de charbon : il faut à peu près un quart d'heure de cuisson; on remue de temps en temps la matière avec un morceau de sapin, en ayant soin de remettre le couvercle chaque fois que l'on a remué. Quand le succin est entièrement fondu, on retire le pot du feu, et on remue avec le morceau de sapin jusqu'à ce que la plus grande chaleur soit tombée; alors vous versez avec précaution deux onces de l'huile préparée comme il est dit plus haut, en ayant soin de bien mélanger les deux matières ; enfin vous ajoutez l'essence de térébenthine (quatre onces), coloriée par les gommes qu'il vous aura plu d'employer.

Pour donner la couleur à l'essence, on prend les gommes, telles que le sang-dragon, la gomme gutte, etc...; on les écrase fin, et on les met dissoudre dans l'essence, de la même manière qu'on en agit avec l'esprit de vin.

Nous finirons le chapitre du vernis en donnant la manière de confectionner celui qui sert au fabricant d'archets, pour donner l'éclat à ses baguettes.

Ce vernis se compose ainsi :

Quatre onces gomme laque ;
Une once sang-dragon ;
Une once copal ;
Seize onces esprit de vin.

Nous observons ici que ce vernis s'emploie pour les baguettes d'archets en bois rouge, tels que le Brésil et le Fernambouc ; quand il doit servir pour des bois de couleur brune, tels que le bois de fer, le bois de Campêche, on supprime le sang-dragon.

On commence par piler en poudre fine le copal que l'on mêle à trois onces de craie très-sèche et écrasée aussi en poussière très-fine ; on met ces deux substances dans une bouteille de verre blanc très-mince, avec la moitié de l'esprit de vin ci-dessus indiqué ; on bouche la bouteille avec un papier double bien ficelé; on fait au moyen d'une épingle un trou au papier, pour empêcher le verre d'éclater, et on pose la bouteille sur un poêle chaud, où on la laisse pendant quelques jours (ayez soin de placer un papier plié en quatre doubles, entre la bouteille et le poêle); remettez un nouveau papier ficelé tous les matins avant de remettre la bouteille sur le poêle, et après avoir mêlé le marc qui est tombé au fond, opérez de même chaque jour jusqu'à ce que l'esprit de vin ait pris une couleur de vieux vin d'Espagne, et qu'en en versant une goutte dans un verre d'eau, ce liquide devienne blanc comme du lait; alors le copal est dissous; laissez encore reposer jusqu'à ce que le marc soit bien séparé de la liqueur; versez avec précaution dans une autre bouteille; ajoutez-y la laque et le sang-dragon bien écrasé avec l'autre moitié d'esprit de vin que vous avez réservée, et faites cuire au bain-marie.

Ce vernis s'applique au tampon sur les baguettes d'archets.

On entend par appliquer au tampon, étendre le vernis sur la pièce à polir, au moyen d'un chiffon imbibé d'huile.

Voilà le procédé : on prend un chiffon de laine blanc plié en plusieurs doubles, fortement serrés les uns sur les autres; on trempe la surface de ce chiffon dans le vernis, en en prenant peu à la fois ; on recouvre le tampon d'un vieux linge sur lequel on met une goutte d'huile siccative, et on passe légèrement le tampon sur la baguette en le promenant d'un bout à l'autre, et en échauffant ainsi le vernis.

Dès qu'on s'aperçoit que le tampon se colle sur le bois, on reprend du vernis comme avant, et changeant le linge de place, on y met encore une goutte d'huile pour frotter de nouveau, et ainsi de suite, en étendant le vernis le plus également possible.

CHAPITRE XIX.

Nouveau moyen de tracer un beau modèle de violon, sans avoir besoin d'autre chose que d'une règle et d'un compas.

On a vu par les chapitres précédens que pour établir un violon, il fallait, pour ainsi dire, en copier un autre. Cependant les luthiers anciens avaient un autre moyen que celui-là, et en France il n'est pas à ma connaissance que ce moyen y ait jamais été pratiqué; c'est cependant celui dont se servaient les Amati et autres auteurs renommés. J'ai tiré cette méthode de tracer un beau modèle de violon, d'un livre italien, imprimé en 1782 à Padoue, et publié par Antonio Bagatella, célèbre luthier de cette ville.

J'ai vu en Allemagne deux violons et un violoncelle qui avaient été faits d'après cette ingénieuse méthode, qui est toute mathématique, et je puis assurer que ces trois instrumens ne laissaient rien à désirer sous le rapport du son ni sous celui de la beauté.

On trace sur une planchette de l'épaisseur de celle des modèles dont nous avons déjà parlé, une ligne perpendiculaire; cette ligne doit avoir précisément la longueur que l'on veut donner au corps de l'instrument.

On divise cette ligne perpendiculaire en soixante-douze parties égales. Voyez la figure n° 50.

Avant d'aller plus loin, je dois prévenir que la moindre négligence, la moindre inexactitude dans ce travail en fait manquer le but, et c'est de la juste combinaison du tracé que je vais décrire, que dépend la réussite du tout.

Quand donc cette ligne perpendiculaire est partagée en soixante-douze parties égales, on tire vingt autres lignes horizontales qui forment angle droit avec la perpendiculaire. L'emplacement de ces lignes horizontales est dans l'ordre suivant :

La 1re, sur le point 8 ;
La 2e, — 14 ;
La 3e, — 16 ;
La 4e, — 20 ;
La 5e, — 21 1/4 ;
La 6e, — 22 ;
La 7e, — 23 ;
La 8e, — 27 ;
La 9e, — 28 ;
La 10e, — 31 ;
La 11e, — 33 ;
La 12e, — 34 ;
La 13e, — 37 ;
La 14e, — 39 ;

La 15e, — 40;
La 16e. — 44 1/4;
La 17e, — 48;
La 18e, — 55;
La 19e, — 56;
Enfin, la 20e, sur le point 65.

Donnant alors à votre compas neuf parties d'ouverture, placez une de ses pointes sur le n° 6, et tracez les deux petites courbes $a\,a$.

Donnez vingt-quatre parties au compas, et posant une de ses pointes sur le n° 24, tracez la courbe $a\,b\,a$.

Donnez deux parties au compas, et marquez sur la troisième ligne horizontale les deux points $c\,c$.

Posez le compas sur ces points $c\,c$, et ouvrez-le jusqu'aux points $a\,a$, et tracez les deux courbes qui vont de $a\,a$ à la ligne horizontale A A, en passant par $d\,d$.

Ouvrez le compas d'une partie, et marquez sur la ligne B B, à droite et à gauche du n° 14, deux points; posez le compas sur les points que vous venez de marquer, et ouvrez-le jusqu'aux points $d\,d$; tirez alors les deux courbes de la ligne A A jusqu'à la ligne D D, en passant par $f\,f$.

Prolongez maintenant la ligne 33, de manière à ce que de la ligne perpendiculaire jusqu'à ses deux extrémités, elle ait vingt-deux parties un tiers; posant alors le compas sur le point h, et l'ouvrant de onze parties, tirez la courbe de P P à la ligne L L, en passant par *i i*.

Prolongez la ligne trente-une à vingt-trois parties trois quarts de la perpendiculaire, et le compas posé sur le point K, ouvrez-le jusqu'à la courbe que vous venez de tracer, et la ligne M M, et tracez la courbe depuis la ligne L L jusqu'à la ligne H H.

Ouvrez le compas de onze parties, et posant une de ses pointes sur le point 72, tracez les deux petits arcs *v v* ; posant alors une des pointes du compas sur le point 35, et l'autre sur le point 72, tracez la courbe comprise entre les deux petits arcs que vous venez de décrire.

Posez le compas ouvert de six parties sur le point 55, et marquez les deux points *x x* sur la ligne S S.

Posez le compas sur les points *x x*, et ouvrez-le jusqu'aux petits arcs *v v*, et tracez la courbe qui va de ces arcs à la ligne V V.

Posez le compas ouvert de quatre parties sur le point 56, et marquez les deux points *z z*; posez le compas sur les points *z z*, et tracez la courbe de la ligne V V à la ligne R R.

Prolongez la ligne 23 à vingt-quatre parties et demie de la perpendiculaire, et marquez les deux points *o o*; posez le compas sur ces points *o o*, et l'ouvrant jusqu'à *f f*, au-dessus de la ligne D D, tirez la courbe, qui de ce point va jusqu'à la ligne F F.

Prolongez la ligne 28 à quatorze parties deux tiers de la perpendiculaire, et marquez les deux points *m m*; posez le compas sur ces points *m m*, en l'ouvrant jusqu'au point où se croisent la ligne H H et la courbe *c* du violon, et tracez la petite courbe qui va jusqu'aux points *f f*.

Prolongez la ligne 21 1/4 à vingt-deux parties de la perpendiculaire, et marquez les deux points *q q*; posez le compas sur ces points *q q*, et l'ouvrant jusqu'au point *p* de la ligne E E, tirez la courbe qui va de *p p* à *r r*.

Posez maintenant le compas sur le point 20, donnez-lui seize parties un tiers d'ouverture, et tracez les deux coins *s s*.

Prolongez la ligne 44 1/4 à vingt-quatre parties de la perpendiculaire, et marquez les deux points *b b*; posez le compas sur ces points *b b*, et ouvrez-le jusqu'à l'endroit où la ligne R R se trouve coupée par la courbe de V à R, et tirez la courbe *c c* de ce point à *d d*.

Prolongez enfin la ligne 37 à seize parties et demie de la perpendiculaire, et marquez les points *t t*; posez le compas sur ces points *t t*, et ouvrez-le jusqu'au point où la ligne P P se joint à la courbe *i*, et tracez la petite courbe.

Et, pour en finir, placez le compas ouvert de dix-neuf parties trois quarts sur le point 49; tracez les deux coins *d d*.

Comme je l'ai dit plus haut, ce tracé demande beaucoup de soin et de précaution; mais une fois que l'on a le modèle, on peut s'en servir un temps infini avant qu'il soit besoin d'en faire un nouveau.

Voilà maintenant comment on s'y prend pour avoir le modèle de la voûte du violon prise dans sa longueur.

On dresse à la varloppe une planchette de bois dur d'une ligne 1/2 d'épaisseur sur deux pouces de largeur, et ayant un peu plus de longueur que le violon; on prend le milieu de cette longueur, et au moyen de l'équerre, on tire à angle droit le trait qui le partage; on fixe la planchette sur l'établi au moyen de deux valets que l'on fait pincer sur ses deux bouts; alors prolongeant le trait B (voyez la figure n° 51) de la planchette sur l'établi, au moyen d'une règle et d'un morceau de craie, on donne à un grand compas une ouverture de deux cent seize parties, c'est-à-dire trois fois la longueur de la perpendiculaire, puisque 72 multiplié par 3 donne 216.

Posant alors une des pointes du compas sur le point A, et l'autre pointe sur la ligne tracée à la craie, vous tracez le courbe A B C, qui est la voûte à donner au fond et à la table de l'instrument.

Le tasseau du manche doit avoir dix parties de largeur et quatre parties d'épaisseur; celui du bas la même épaisseur, mais seulement huit parties de large.

Les éclisses, près du bouton qui fixe le cordier, ont six parties et quart de hauteur, et à la naissance du manche, seulement six parties ; on donne ordinairement aux contr'éclisses une demi-partie d'épaisseur, et une partie et demie de largeur.

La longueur des ff est de quinze parties, l'entaille qui les sépare par le milieu doit se trouver précisément vis-à-vis le point n° 40 ; ainsi leur tête commence vis-à-vis le point 32-1/2, et leur pied se trouve vis-à-vis le point 47-1/2.

Le diamètre des trous du haut est d'une partie un tiers, celui des trous du bas est d'une partie trois quarts ; elles doivent être séparées l'une de l'autre, dans le haut, à prendre du bord intérieur des trous, de neuf parties ; au centre, à prendre des crans intérieurs, de quinze parties ; et enfin, dans le bas, aussi à prendre du bord intérieur des trous, de vingt-quatre parties. (Voyez la figure n° 52.)

Des épaisseurs du fond.

Avant de commencer cet article, j'avertis les personnes qui voudraient faire usage de cette méthode, qu'elles devront se pourvoir d'une règle qui, ayant précisément la longueur de l'instrument qu'elles façonnent, sera divisée en soixante-douze parties, pour qu'au moyen d'un

(127)

compas elles puissent prendre sur cette règle les proportions que je vais indiquer.

Le point 42 est le point de départ pour arriver à donner les épaisseurs voulues au fond ; ayant donc ouvert le compas de quatre parties un tiers, on pose une de ses pointes sur le point 42, et on trace un cercle ; tout le bois renfermé dans ce cercle doit avoir très-précisément une partie d'épaisseur ; ceci fait, on trace un second cercle de douze parties ; de peur que je me sois mal exprimé, je dirai qu'on ouvre le compas de douze parties pour tracer le second cercle ; alors on enlève petit à petit dans ce cercle le bois, de manière à ce qu'en s'éloignant du premier cercle qui a une partie d'épaisseur, le bois tout à l'entour du second cercle, et en diminuant insensiblement, n'ait plus que deux tiers de partie d'épaisseur. A partir des bords extérieurs du second cercle, l'épaisseur doit aller en mourant, de tous les côtés, vers les bords et jusqu'aux éclisses, et se terminer à une demi-partie d'épaisseur. Voy. la figure n° 52.

Des épaisseurs de la table.

Le point 40 est le point de départ pour mettre la table d'épaisseur.

Ouvrez un compas de quatre parties, posez une de ses pointes sur le point 40, et tracez un cercle.

Tout le bois renfermé dans ce cercle aura deux tiers de partie d'épaisseur ; ouvrez le compas de neuf parties, et tracez un second cercle ; enlevez du bois, de manière qu'en s'éloignant du premier cercle, l'épaisseur vienne mourir au bord du second à une demi-partie, et de là, en allant vers les bords de la table jusqu'aux points où elle s'appuie sur les éclisses, elle n'ait plus qu'un fort tiers de partie d'épaisseur.

De la barre.

La barre doit avoir trente-six parties de long, une de large, deux de hauteur dans le centre, et cette hauteur doit diminuer insensiblement aux deux bouts jusqu'à la proportion de deux tiers de partie. Sa place est précisément sur le bord du cercle intérieur. La barre doit courir parallèlement au joint, et être partagée en deux par le point 40. Voyez la figure n° 53.

De l'ame.

L'ame doit avoir une partie de diamètre ; sa place est à deux parties derrière le pied du chevalet. Du reste, elle doit être posée avec les principes indiqués dans les chapitres précédens,

Du chevalet.

Le chevalet doit avoir huit parties de l'extérieur d'un pied à l'autre, sa hauteur est de six parties et demie.

Du manche.

Le manche doit avoir juste vingt-sept parties de longueur, à partir du chevillier aux éclisses du violon.

Toutes les proportions que l'on vient de donner ici sont en tout point applicables aux autres instrumens à archet. Cependant pour les basses et contre-basses il y a exception, en ce que leurs éclisses ont douze parties au tasseau du cordier, et onze parties et quart au tasseau du manche, et en ce que leurs chevalets ont onze parties d'élévation au-dessus de la table.

CHAPITRE XX.

De la réparation des vieux instrumens.

Il ne suffit pas au luthier de savoir bien établir un instrument neuf, il faut encore qu'il puisse réparer ceux des anciens instrumens qui, par la suite des années, par l'usage ou par les accidens, se trouvent hors d'état de pouvoir servir.

Avant d'en venir au point d'être obligé d'ouvrir le corps de ces instrumens, le luthier doit examiner avec soin s'ils ont les proportions exactes décrites dans le cours de ce Manuel, et rectifier ce qu'il peut y avoir de défectueux dans le renversement de la touche, le chevalet, le cordier, les chevilles, etc.; recoller les parties décollées, enlever de l'intérieur du corps de l'instrument la poussière qui souvent s'y trouve en telle abondance qu'elle empêche toute vibration.

Voilà la manière de s'y prendre pour enlever cette poussière : on fait chauffer une poignée d'orge dans une casserole bien propre; l'orge une fois échauffée, on l'introduit dans le corps de l'instrument par l'ouverture des *ff*; bouchant alors ces *ff* avec une serviette ou tout autre linge, on agite le violon dans tous les sens pour que l'orge roulant ainsi dans toutes les cavités intérieures, elle puisse en détacher la poussière qui s'y est attachée.

On fait alors sortir l'orge et la poussière par les *ff* que l'on débouche, et on recommence si la chose paraît nécessaire jusqu'à ce qu'il ne reste plus de saleté dans le corps du violon.

Quelquefois les pieds du chevalet ont à la longue creusé la table à l'endroit qui les supporte, il faut alors boucher ces excavations avec le mastic suivant :

On mêle bien entr'elles et en les pulvérisant, les matières que voilà : une once terre d'ombre, une once minium, une once céruse et un gros litharge ; prenant alors la quantité suffisante de cette composition, vous en faites un mastic au moyen d'un peu de colle affaiblie avec de l'eau.

On applique cette composition avec la lame d'un canif dans les petites fentes et cassures où l'on ne peut remettre de bois, car pour peu que ces fentes soient un peu grandes, il faut y recoller du bois ajusté dans le sens même de celui de l'instrument, et là où se trouve la fente.

Souvent la touche se trouve plus ou moins creusée sous chacune des cordes du violon, ou même sous une seule ; il faut alors, au moyen du grand rabot de fer, redresser cette touche et placer entr'elle et le plat du manche une feuille d'ébène qui la relève, de manière à lui rendre la position indiquée pour le renversement.

Toutes ces réparations extérieures faites à l'instrument, il faut l'essayer ou le faire essayer si celui qui le répare ne sait pas jouer du violon. C'est ici le cas, je crois, de dire combien il est à regretter que les luthiers n'apprennent pas à jouer du violon en même temps qu'on leur enseigne leur état. Les instrumens sortant de leurs mains n'en seraient pas plus mauvais assurément.

Mais revenons au violon que nous avons réparé extérieurement. En l'essayant donc, on remarque si, en termes d'artiste, il est égal sur ses quatre cordes, si le son que l'on en tire a toutes les qualités désirables. Dans le cas de l'affirmative, on laisse le violon dans cet état, puisqu'il remplit le but qu'on doit en attendre.

Si au contraire on remarque une grande inégalité entre son dessus et sa basse (c'est ainsi qu'on nomme les deux cordes les plus fines et les deux plus grosses), et que la basse, par exemple, ait plus de force que le dessus, il faut essayer de lui mettre une ame qui, étant un peu plus haute que celle existant déjà, donne plus de tension aux tables; quelquefois ce moyen rétablit le juste équilibre entre la basse et le dessus, mais quelquefois aussi il est inefficace.

Si on remarque dans les sons de la basse moins de son, comparativement parlant qu'au dessus, il n'y alors d'autre moyen que de détabler le violon pour interroger ses proportions intérieures avec le compas d'épaisseur, et vérifier tout d'abord la position et les dimensions de sa barre.

Le violon une fois ouvert, si on remarque que ses épaisseurs sont régulières, on ne doit plus s'occuper que du soin de le rebarrer.

Ici une explication est nécessaire : il n'y a pas aujourd'hui de luthier qui ne mette, soit aux violons qu'il répare, soit à ceux qu'il rétablit neufs, une barre beaucoup plus forte que n'étaient celles que les grands maîtres employaient pour leurs instrumens. Pour que tous les luthiers agissent de la sorte, il faut que tous aient senti la nécessité de le faire. Or voici la raison de cette manière de travailler : j'ai été à même de voir entre les mains de riches amateurs allemands plusieurs instrumens qui avaient été conservés avec un soin religieux, absolument dans la forme que leur avaient donnée les Amati et les Stradivarius. Eh bien, les chevalets de ces violons n'avaient qu'un pouce et quelque chose d'élévation au-dessus de la table, tandis qu'aujourd'hui ces mêmes chevalets ont quatorze lignes et quelque chose. Or la table étant mise en vibration par des cordes plus éloignées d'elle, et ces cordes vibrant par elles-mêmes davantage à la distance de quatorze lignes qu'à celle de douze, il a fallu renforcer la barre qui, sans cela se trouvant entraînée dans une trop grande vibration, aurait donné aux cordes sol et ré un son *cotonneux*, qui aurait nui à la bonté de l'instrument.

Quand donc il s'agit de rebarrer un instrument, il faut commencer par enlever la barre qui doit être remplacée; pour cela on prend un des petits rabots, et on enlève par copeaux la vieille barre, en ayant bien soin de ne pas toucher à la table, car on dérangerait par là la proportion de ses épaisseurs. Cette barre enlevée, on procède à la confection de celle que l'on veut replacer, et cela d'après les principes indiqués au chapitre de la barre, que vous avez lu précédemment.

Voilà maintenant comme on soude les fentes qui peuvent exister, soit à la table, soit au fond des instrumens : on glisse de la colle bien chaude dans ces cassures, et serrant de la main gauche la partie de la table ou du fond sur laquelle se trouve cette fente, pour faire remettre les deux lèvres de la fente à leur place respective; serrant, dis-je, la table ou le fond contre une cheville que vous plantez dans un des trous de l'établi, vous posez, en dedans de l'instrument, un morceau de fort papier sur la fente ; ce morceau de papier doit avoir la longueur de la fente, et à peu près quatre à cinq lignes de large. Ce morceau de papier ainsi appliqué, vous passez sur toute sa longueur un fer chaud qui, faisant dessécher la colle, fixe la cassure. Il faut que ce fer, dont nous allons donner la description, ne soit pas trop chaud, car échauffant la colle trop précipitamment, il pourrait la brûler.

Le fer dont nous venons de parler se nomme fer à souder. La figure n° 54 le représente. Sa partie A doit avoir dix pouces de longueur, et être terminée en pointe carrée pour pouvoir entrer de deux à trois pouces dans un manche virolé, qui donne la facilité de le faire chauffer et de s'en servir.

Au reste le luthier qui veut bien réparer doit être pourvu d'une grande adresse et d'une grande patience, car souvent un violon à réparer donne plus d'ouvrage que la confection d'un neuf.

Assez souvent la tête de l'ame a creusé dans la table du violon, de manière à en diminuer sensiblement l'épaisseur. Outre que cet accident empêche qu'on puisse y ajuster une ame dont la tête puisse joindre parfaitement avec la table, cette excavation empêche la vibration dans cette partie de la table; il faut donc y remédier en collant un petit morceau de sapin dont le grain se rapporte le mieux possible à celui de la table. Il faut d'abord rendre unie avec le petit rabot la place où se trouvait l'excavation creusée par l'ame, et coller le morceau dont nous venons de parler sur l'endroit préparé pour le recevoir; la pièce doit avoir une forme ovale dont la longueur est de dix-huit lignes, et la largeur d'un pouce. Cette pièce doit être placée de manière à ce que l'ame se trouve, étant à sa place indiquée, avoir la tête dans le centre de cette pièce.

Enfin, si la table ou le fond n'ont pas, dans quelques endroits, les épaisseurs précisées par les règles indiquées aux chapitres précédens, on y remet le bois nécessaire.

Lorsque l'on est obligé de remettre ainsi du bois dans l'intérieur des instrumens, il faut toujours avoir soin de mettre les pièces plus épaisses qu'elles ne doivent réellement l'être, pour ensuite leur donner les épaisseurs voulues.

Pour coller ces pièces, les luthiers réparateurs se servent d'un morceau de bois creux qui a la forme d'une table ou d'un fond de violon; on pose alors la partie qui doit recevoir une pièce dans ce morceau de bois creux, qui a dix-huit lignes d'épaisseur; posant ensuite le morceau encollé à la place qu'il doit occuper, et pardessus un morceau de bois doublé de liége, on serre avec une harpe dont le bec prend le dessous du morceau creux, et le tourillon le petit morceau doublé de liége; on serre, dis-je, le tout ensemble en prenant garde à ce que la pièce que l'on veut coller ne sorte pas de la place où on veut la fixer, en glissant sur la colle.

CHAPITRE XXI.

De la colophane. Qualités qu'elle doit posséder, et manière de la faire.

La colophane est peut-être l'objet le plus minime en apparence de tous ceux tenant à la lutherie, et c'est cependant une des choses les plus essentielles aux personnes qui se servent des instrumens à archet.

Il n'est pas de musicien qui ne sache combien est précieux un bon morceau de colophane, et combien la mauvaise qualité de cette préparation fait de tort au meilleur instrument, comme au jeu du plus habile virtuose.

La bonne colophane doit être transparente, d'une couleur citrine; appliquée aux crins de l'archet, elle doit les blanchir et ne pas leur donner une teinte jaunâtre; elle doit, par le frottement de l'archet sur les cordes, tomber aux pieds du chevalet en poussière blanche, et ne pas noircir les cordes dans l'endroit où l'archet les attaque; enfin elle ne doit pas coller entre les doigts lorsqu'on en écrase un petit morceau.

Il faut croire que bien peu de personnes connaissent la manière de faire la colophane, car en province il est assez difficile de s'en procurer de bonne.

J'ai vu beaucoup de musiciens faire cuire du galipot ou de la térébenthine avec du vinaigre. C'est là ce qu'on peut faire de plus mal, car le vinaigre se mêlant avec ces résines, il en résulte une colophane qui produit au lieu de son un détestable sifflement.

Voilà le secret qui n'est rien : on fait fondre du galipot dans un pot de terre neuf et vernissé sur un feu modéré de charbons ; au fur et à mesure que la matière est fondue, on la verse en la filtrant à travers une toile un peu grossière et neuve, dans un second pot semblable au premier, et que l'on a soin de tenir près du feu ; alors on verse cette colophane dans des petits rouleaux de papier, ou on la met en tablettes.

On peut faire de plus belle et meilleure colophane en distillant de la térébenthine de Venise. Cette manière de colophane est à peu près blanche.

On fait la colophane pour les archets de contre-basses, en mêlant à la colophane de galipot, de la poix blanche.

La proportion est moitié de l'une et moitié de l'autre : on les fait fondre pour les bien mêler.

CHAPITRE XXII.

Nous croyons faire plaisir à messieurs les amateurs, entre les mains desquels cet ouvrage pourra tomber, en donnant ce dernier Chapitre, que nous traduisons d'un ouvrage allemand publié en 1817, par M. Auguste Otto, luthier distingué, et habile violiniste de Halle en Saxe. Cet ouvrage est intitulé *Essai sur la Construction et la Conservation des Instrumens à archet*.

Dans tout ce Chapitre nous laisserons parler l'auteur allemand.

Parmi les trente violons de Crémone qui me sont passés par les mains, six n'avaient jamais été ouverts depuis leur création (1).

Les plus vieux de ces violons étaient de Jérôme Amatius, et avaient été construits dans le commencement du dix-septième siècle; après eux venaient ceux d'Antoine Amatius, qui dataient du milieu du même siècle; ensuite venaient ceux de Nicolas Amatius, qui dataient de la fin du

---

(1) J'avertis ici que je suivrai le plus littéralement possible l'auteur allemand, craignant d'affaiblir ses expressions.

même siècle ; ceux de Stradivarius étaient du même temps que ceux de Nicolas Amatius ; et enfin ceux de Joseph Guarnerius dataient du commencement du dix-huitième siècle.

Tous ces instrumens avaient été construits d'après les règles simples indiquées par les mathématiques, et avaient tous les proportions suivantes, quant aux épaisseurs des tables et des fonds.

La partie la plus épaisse de la table était celle qui se trouve sous le chevalet, entre les deux ff; de cet endroit de la table, et en s'éloignant vers les bords, l'épaisseur allait en diminuant, de manière à n'être plus que de la moitié de celle de l'estomac, là tout à l'entour de la table et aux endroits mêmes où elle se repose sur les éclisses et les tasseaux.

Dans la longueur de l'instrument, l'épaisseur de l'estomac de la table était conservée dans toute la longueur de la barre, pour ensuite aller finir vers les tasseaux du haut et du bas, à une épaisseur qui était juste la moité de celle de l'estomac.

Dans la largeur on remarquait que les joues de ces instrumens avaient un quart d'épaisseur de moins qu'à l'estomac.

C'est là la seule proportion qui puisse donner à un violon la force, l'éclat et la douceur qu'on recherche dans cet instrument.

(Ici l'auteur allemand dit que, n'écrivant que

pour les luthiers qui savent leur état, et non pour les profanes, il n'a pas besoin de dire au juste quelles étaient ces épaisseurs; mais moins discrets que lui, nous avons déjà dit que l'épaisseur de l'estomac de la table était d'une ligne et demie).

Le fond de ces instrumens avait en tous points les mêmes proportions, seulement la plupart avaient le fond de quelque chose plus épais que la table.

Jérôme Amatius, le plus vieux des Crémonais, a employé dans ses ouvrages du plane de la plus grande beauté, et autant que je puis le croire, la plupart de ses fonds étaient d'une seule pièce. Les ondes de ce bois allaient un peu en biaisant de gauche à droite.

La forme de ses violons est grande et d'un effet très-agréable à l'œil. Les coins étaient fort courts, et les bords dépassaient de très-peu les éclisses, ce qui donnait un très-bel aspect à l'instrument : ses bords étaient très-épais et parfaitement arrondis; comme dans tous les instrumens italiens, les filets fort bien faits étaient larges.

La voûte de ses instrumens était un peu plus élevée que celle de Stradivarius; elle s'élevait de la gorge dans laquelle se trouvent les filets, d'une manière tellement insensible, qu'on n'aurait jamais pu croire qu'elle eût un pouce de hauteur au-dessus de la ligne horizontale des bords, car elle paraissait plate à l'œil ; les filets étaient plus éloignés des bords que dans les autres violons : les ondes des éclisses n'étaient pas perpendiculaires par rapport à la table et au fond, ils avaient une pente de cent degrés.

La table était de sapin à veines larges, qui conservaient entr'elles dans toute la longueur de l'instrument le même éloignement ; la voûte du fond était en tout semblable à celle de la table.

Les *f f* étaient fort bien découpées, et se trouvaient rapprochées par leurs trous ronds du haut, de manière à ce que leur séparation en cet endroit était justement la largeur du chevalet ; elles n'étaient pas très-longues et se rapprochaient beaucoup du point.

Le manche en fort beau plane avait les parois du chevillier fort épaisses ; sa coquille, parfaitement arrondie, était fort large d'un bouton à l'autre, et c'est certainement cette coquille qui est la plus belle de tous les Crémonais.

Enfin, les vernis de ces violons étaient au succin, et de couleur brun-cerise : quelques-uns cependant avaient une couleur d'acajou ; le vernis avait éclaté sur la plupart de ces violons qui sont les plus vieux de Crémone, puisqu'ils ont été construits de 1614 à 1620.

Viennent ensuite les violons d'Antoine Amatius, probablement le fils du précédent. Je n'ai pas vu beaucoup de ses instrumens, qui sont les uns en Italie et les autres en Angleterre. Il n'y a pas grande différence entre leur construction et celle des violons de Jérôme, et leur son en est parfait quand ils n'ont pas été gâtés par des ignorans.

Viennent maintenant les violons de Nicolas Amatius et de Stradivarius qui ont été faits à peu près dans le même temps.

Ceux de Nicolas Amatius se font remarquer par leur patron qui est plus petit que ceux des précédens auteurs, et par leur voûte particulière, qui, à partir des filets, reste un peu plate pour ensuite s'élever à un pouce au-dessus de la ligne horizontale des bords. Cette voûte s'élève plus sensiblement que celle de Jérôme et d'Antoine. Du reste, ces violons sont travaillés avec beaucoup de soin; les filets ne sont pas aussi bien travaillés que chez les autres; les coins sont un peu plus aigus. Les bords sont très-bien arrondis, et les ff, assez rapprochées l'une de l'autre, sont très-bien découpées.

Quand ces violons n'ont pas passé par des mains mal-habiles, ils ont un son qui ne le cède en rien à ceux de Stradivarius, et ils n'ont pas, comme ce dernier, le défaut d'avoir la barre qui, ayant cédé au tirage des cordes, rentre en-dedans de l'instrument.

La table est d'un sapin dont le grain est moins large que celui des précédens, mais le plane qu'on y a employé est très-beau et très-bien ondé.

Leur vernis est à l'huile et de couleur rouge-jaune ; j'en ai cependant vu quelques-uns qui étaient de couleur brune.

Les violons de Stradivarius sont les plus plats de tous les Crémonais. Leur voûte n'a pas plus d'un demi-pouce d'élévation. Ceux qui n'ont pas été gâtés ont un son plein, grave et éclatant en même temps. Ils sont recherchés des virtuoses, qui sacrifient de grandes sommes d'argent pour en devenir possesseurs.

La raison de leur renommée vient probablement de leur construction qui, étant plate, peut être très-forte en bois et produire une vibration plus vigoureuse et plus facile qu'un instrument voûté.

Malheureusement beaucoup de ces violons ont été gâtés, et je pense que c'est en les rebarrant qu'on les aura estropiés.

Ces violons étant très-fort en bois, avaient tous, en sortant des mains de leur auteur, une barre très-faible et fort courte, aussi tous avaient-ils cédé par la table, du côté de la barre, au poids des cordes, et quand des luthiers qui ne connaissaient pas leur état, auront été chargés d'obvier à ce défaut, ils auront gâté le violon.

Outre cela, messieurs les amateurs aiment beaucoup à faire réparer leurs instrumens et à avoir des grandes et fortes barres qui sont justement ce qu'il y a de plus propre à tuer la vibration.

Le patron des Stradivarius est très-beau : les filets de ces violons sont plus larges que ceux des autres Crémonais, et ils sont plus éloignés des bords. Leurs ff sont très-bien percées et le bois très-beau.

Leur vernis, au succin, est brun foncé ; il y en a cependant quelques-uns qui sont brun-jaune.

Quelques-uns sont presque voûtés comme ceux de Nicolas Amatius. Ceux-là ont une couleur acajou.

Les violons de Joseph Guarnerius ont une grande ressemblance avec ceux de Nicolas Amatius ; ils ont un vernis jaune doré. Les Rutgeri et les Alvany se rapprochent beaucoup de Guarnerius.

Les violons de Jacob Stainer d'Absam ne le cèdent en rien pour la beauté ni pour la bonté aux Crémonais. Ils sont bien plus voûtés que ces derniers, et ont une tout autre construction intérieure.

La comparaison que l'on peut établir entre le son de ces violons et celui des Crémonais, est celle que le son des premiers ressemble aux sons d'une flûte et celui des seconds aux sons d'une clarinette.

La table de ces violons est plus voûtée que le

fond. Le sommet de cette voûte a justement en largeur la dimension du chevalet, et s'étend de là jusqu'à la moitié de la table vers le bord du haut et jusqu'à la moitié de la table vers le bord du bas, ensuite il descend insensiblement jusqu'à l'endroit où se trouvent les filets.

Les bords sont très-épais et bien arrondis, les filets sont placés plus près des bords que dans les Crémonais, et sont moins épais. Les *ff* sont très-bien percées, et ont cela de remarquable que les ronds qui les terminent au haut et au bas ont une forme presque triangulaire.

Enfin, quelques-uns de ces violons, qui tous sont un peu moins longs que ceux de Crémone, ont, à leur manche, une tête de lion très-bien sculptée en place de volute.

Leur bois est fort beau, tous ont un vernis à l'huile dont la couleur est rouge-jaune; quelques-uns ont le corps de l'instrument couleur brun foncé et la table jaune.

On trouve rarement dans les Stainer des écriteaux; quand il s'en rencontre, ils ne sont pas imprimés, mais écrits à la main.

Beaucoup de luthiers du Tyrol ont voulu imiter les Crémone et les Stainer; mais il est facile de les reconnaître au sapin de leurs tables qui sont d'un grain très-resserré, à leurs éclisses qui sont très-peu élevées, et à leurs bords qui sont plus minces et moins bien arrondis. Leurs filets aussi sont bien plus minces et ne présentent pas partout une forme bien arrondie.

Ces violons tyroliens ont les ff très-bien imitées des Crémone et des Stainer, mais leurs voûtes sont tout-à-fait fausses ; le plane qu'on a employé à leur construction est de médiocre qualité, et la coquille de leur manche est plus petite d'un tiers que celles des Crémone et des Stainer, enfin leur vernis est faible et à l'esprit de vin. Leur couleur, qui imite le vieux, est presque toujours jaune pâle.

Enfin, il n'y a eu, parmi les Tyroliens, que deux luthiers qui aient fait de bons instrumens, ce sont Egitia Klotz et son fils Joseph Klotz.

Beaucoup d'amateurs, dans l'espoir de rendre leurs instrumens meilleurs qu'ils ne sont, ont souvent la manie de croire qu'une réparation quelconque leur fera obtenir le but de leur désir. Mais que voulez-vous que fasse le luthier le plus expérimenté à un instrument qui est tout ce qu'il peut être?

Et quand l'instrument tombe en des mains maladroites? On le répare jusqu'à ce que l'amateur ait dépensé son argent, et jusqu'à ce que le violon soit devenu détestable.

D'autres ont une autre manie, celle de placer et déplacer l'ame et le chevalet de leur instrument : il résulte de cette manœuvre qu'à force de dérangement, la tête de l'ame d'un côté, et les pieds du chevalet de l'autre, ont bientôt usé et dégradé l'endroit de la table qui doit avoir le plus de bois, et que bientôt aussi la vibration de la chanterelle ne se faisant plus qu'irrégulièrement, cette corde perd toute sa résonnance.

Il vaut mieux souffrir un petit défaut à un violon, que de lui en donner de grands par une réparation inutile ou intempestive.

Une barre trop longue étouffe la vibration, et par conséquent le son de la quatrième corde, et cependant j'ai vu beaucoup d'amateurs qui voulaient absolument une grande barre à leur instrument.

Beaucoup de personnes sont dans la ferme persuasion que plus un violon a été brisé, plus il doit rendre de beaux sons. C'est là un absurde préjugé : la colle n'est propre qu'à assourdir un instrument.

J'ai connu un monsieur qui mettait son violon dans son lit au moment de son lever, et qui prétendait par ce moyen le bonifier. Moi, je crois, qu'à la longue, s'il a continué cette habitude, il aura fini par rendre son violon tout-à-fait sourd, la poussière n'ayant pu manquer de s'introduire dans son instrument.

Du suif ou de l'huile serait-il tombé dans un instrument, il faut de suite le faire ouvrir pour remédier à cette accident, car ce serait un instrument bientôt perdu.

Le violon ouvert, voilà comme on procède pour enlever ce corps gras. On mêle du savon gras avec de la terre à foulon, et, de ce mélange, on frotte la tache et on la frotte ensuite avec le papier de verre quand le savon est sec et qu'on l'a enlevé. En faisant ce mélange chaud pour l'employer, son effet est plus prompt.

Si vous voulez acheter un violon, et qu'en l'essayant vous remarquiez que le *fa* naturel et le *fa* dièze sur la corde *ré* soient sourds et rauques, cela vient de ce que l'instrument n'a pas assez de bois dans les joues.

Si vous remarquez la même chose sur la corde *la*, par rapport à l'*ut* naturel et l'*ut* dièze, c'est que la table n'a pas assez de bois dans son estomac, c'est-à-dire sous le chevalet.

Pour bien conserver un instrument, on doit le tenir renfermé dans un étui doublé de flanelle.

Pour en chasser les vers, qui pourraient s'y établir, il est bon de répandre dans l'étui quelques gouttes d'une eau de senteur très-forte.

En hiver, lorsque, venant de l'air extérieur, vous entrez dans un appartement bien chaud, vous tirez votre violon de son étui, en un moment il est couvert d'une vapeur qu'il faut essuyer.

Il ne faut, quoiqu'en disent les vieux musiciens, jamais laisser la poussière de la colophane ni sur la table, ni sur les cordes : il faut l'essuyer de temps en temps.

Aussitôt qu'on ne se sert plus d'un violon, il faut le remettre dans son étui et détendre les crins de l'archet.

Le meilleur moyen de conserver les cordes que l'on a de rechange, est de les envelopper dans plusieurs feuilles de papier ; il ne faut pas trop les graisser, car l'huile en vieillissant se rancit et pourrit les cordes.

Dans les orchestres on est assez souvent exposé à faire des taches de suif aux crins de son archet. Beaucoup de musiciens, pour enlever le suif ou neutraliser son effet, font fondre un peu de colophane sur la place où le suif a coulé. Cela ne vaut rien, il ne faut employer ce moyen que quand on est dans l'impossibilité de faire autrement. Il faut, avec du savon mélangé dans de l'eau de sel, laver les crins de l'archet jusqu'à ce que le suif ait disparu, et ensuite lavez-les de nouveau avec de l'eau claire jusqu'à ce qu'il ne reste plus de savon à leur surface.

DEUXIÈME PARTIE.

DE LA GUITARE.

CHAPITRE PREMIER.

La guitare, au premier aspect, semble différer de beaucoup du violon quant à la forme de son corps. Si cependant on la considère avec attention, on s'aperçoit bientôt qu'elle n'a d'autre forme que celle d'un violon dont on aurait coupé les coins.

La construction de la guitare offre moins de difficultés que celle du violon.

Le fond et la table de cet instrument n'ont chacun qu'une épaisseur uniforme : ses éclisses ne sont composées que de deux morceaux; sa table, au lieu d'être voûtée comme celle du violon, est plate; son fond est quelquefois plat et quelquefois voûté; dans ce dernier cas, c'est par le moyen des barres que l'on courbe le fond de la guitare, qui, au lieu d'être creusé comme celui du violon, dans l'épaisseur du bois, est plié comme nous l'expliquerons plus tard.

Le plane, le sapin et l'ébène sont, comme pour le violon, les principaux bois que l'on emploie à la confection de la guitare. Cependant pour donner plus de prix et de beauté à cet instrument, on emploie assez souvent l'acajou, le palixandre et le citronnier ou plane d'Amérique. L'ivoire entre aussi dans les guitares soignées; on en fait des bords et des filets.

Le fond et la table de la guitare se dressent à la varlope; les éclisses et les contre-éclisses se plient comme celles du violon, au moyen de l'eau et du fer à plier. Ces différentes parties se montent, comme celles du violon, au moyen d'un moule qui diffère peu de celui de ce dernier instrument. C'est ce que nous allons expliquer dans les chapitres suivans.

CHAPITRE II.

Du moule et de ses accessoires.

Dès ce moment on va remarquer combien le travail de la guitare est plus facile que celui du violon.

Pour établir le moule de la guitare il n'est pas nécessaire, comme pour le violon, de détabler un de ces instrumens, car en traçant sur un morceau de bois préparé, le contour de tout le fond d'une guitare, votre moule se trouve tracé et vous n'avez plus qu'à le découper.

Commencez donc par dresser à la varlope un morceau de bois dur, en lui donnant deux pouces d'épaisseur sur toute sa surface. Il faut nécessairement que ce morceau ait en longueur et en largeur quelque chose de plus que le fond de la guitare que vous voulez copier.

Posant alors le fond de la guitare que vous aurez destinée à vous servir de modèle, sur le morceau que vous venez de dresser, tracez avec la pointe un trait qui vous donne tout le contour du fond.

Il est, je crois, inutile d'observer ici qu'on doit se servir pour ce travail d'une guitare qui sorte de la main d'un bon ouvrier, car cet instrument, s'il était défectueux, ne manquerait pas de reproduire ses défauts à ceux que vous confectionneriez en le copiant.

Le moule tracé de la manière que nous venons d'indiquer, il faut, au moyen d'un compas, prendre son juste milieu dans sa partie la plus large, celle du bas, et dans sa partie la plus large aussi du haut, pour tirer une ligne droite qui partage le moule en deux parties égales dans toute sa longueur. (Voyez la fig. n° 40.)

Tracez les deux entailles du haut et du bas en leur donnant à chacune huit lignes de profondeur sur deux pouces et demi de largeur.

Ces deux entailles sont destinées à recevoir les deux tasseaux de la guitare.

Prenez alors la scie à chantourner et rognez tout le bois inutile, celui qui se trouve en dehors du tracé.

De même que pour le moule du violon, ayez soin que tout le contour du moule de la guitare soit parfaitement d'équerre avec ses deux surfaces. Cette condition est de rigueur.

Ce travail terminé, tracez dans l'intérieur du moule une espèce de carré, en laissant sur chacun de ses côtés une épaisseur de dix-huit lignes. Percez un trou dans ce carré et introduisez dans ce trou la lame de la scie à chantourner et enlevez tout le bois compris dans ce carré, et voilà votre moule fini.

Occupez-vous ensuite de façonner les quatre contre-parties du moule. Ces contre-parties, comme celles du violon, servent à monter les éclisses sur le moule et à leur faire prendre la forme et la place qu'elles doivent avoir quand la guitare sera finie.

Les contre-parties auront la même hauteur que les éclisses, et dix-huit lignes d'épaisseur dans leur centre. Quant à leur longueur, elle dépend de la volonté de l'ouvrier. Je dirai cependant que trois pouces et demi sont suffisans. (Voyez fig. 40 *bis*.)

Nous reviendrons en temps et lieux sur l'emploi des contre-parties.

CHAPITRE III.

Des éclisses; manière de les confectionner, de les plier et de les fixer aux tasseaux par le moyen du moule et de ses contre-parties.

On refend à la scie et à l'épaisseur d'une ligne et demie, un morceau de plane de trois pouces deux lignes de large et de la longueur nécessaire pour former la moitié juste du pourtour du moule, puisque la guitare n'a que deux éclisses. On a soin que les ondes du bois se trouvent à la surface de l'éclisse.

Cette feuille de bois refendue, on la place sur l'établi, et au moyen d'une harpe, on l'assujettit par le bout qui se trouve à l'arrière de l'établi.

On peut également fixer cette feuille sur l'établi par le moyen du valet. Pour cela on pose sur le bout de la feuille, du côté de l'arrière de l'établi, un petit morceau de bois plat d'un pouce d'épaisseur environ, et posant le plat du valet sur le morceau de bois, on le serre sur le bout de la feuille par un coup de maillet.

De même que pour les éclisses de violon, on dresse, avec les précautions déjà décrites, les feuilles destinées à fournir les éclisses de la guitare, et enfin on les plie encore de même que celles du violon.

Observations. Quand on se servira, en place de plane, soit d'acajou, soit de citronnier et surtout de palixandre, il faudra user des plus grandes précautions pour plier les éclisses, car ces bois, fort durs de leur nature, éclatent facilement.

Quand on achette le plane tout débité pour la guitare, on n'a pas besoin de refendre les éclisses, puisqu'elles forment partie de ce qu'on appelle la fourniture de la guitare, laquelle fourniture se compose du fond, de la table, des éclisses, etc.

CHAPITRE IV.

Manière de s'y prendre pour monter le moule de ses deux tasseaux, de ses deux éclisses et de ses contr'éclisses.

De même encore que pour le violon, on commence par fixer les tasseaux au moule.

Prenant donc un morceau de sapin assez long pour fournir les deux tasseaux, on le dresse à la varlope de manière à ce qu'il puisse remplir les deux entailles du haut et du bas du moule. On coupe un des tasseaux à trois pouces de hauteur, c'est celui du bas de l'instrument, et celui du haut à deux pouces neuf lignes de hauteur. Comme au violon, on les fixe au moule par le moyen d'une goutte de colle, en ayant soin de les placer d'un côté du moule à fleur de sa surface, les laissant déborder de leur longueur qui excède l'épaisseur du moule de l'autre côté.

Ceci terminé, on plie les éclisses en suivant les procédés indiqués pour celles du violon. Une fois pliées, on les colle d'abord en les faisant joindre par leurs bouts qu'on a coupés d'équerre, sur le tasseau du bas que l'on a couvert de colle, et prenant une harpe et la contre-partie du bas du moule, on serre les éclisses sur le tasseau.

Collant ensuite légèrement un morceau de papier dans les deux C du moule et mettant ensuite une goutte de colle sur ces morceaux de papier qui auront deux pouces carrés, on serre au moyen des deux contre-parties des C et de deux harpes, les éclisses contre le moule, en ayant soin que ces éclisses, prenant bien exactement la forme du moule, elles ne laissent point de jour entre elles et ledit moule.

Enfin, réunissant les deux bouts des éclisses qui doivent venir se joindre sur le tasseau du haut que l'on a encollé, on les fixe encore par le moyen d'une harpe et de la dernière contre-partie sur le tasseau du haut.

Observations. Dans ce travail, toute l'attention de l'ouvrier doit avoir pour but que les éclisses prennent exactement le contour du moule, et que du côté du moule où les tasseaux sont à fleur, les éclisses se trouvent placées de manière à suivre exactement la ligne de la surface du moule sans la déborder, car s'il n'en était ainsi, la guitare se gauchirait en la retirant du moule, et il serait fort difficile ensuite de la tabler convenablement.

La colle étant sèche, ôtez les harpes et les contre-parties du moule, et occupez-vous de contr'éclisser la guitare du côté qui déborde le moule.

On voit déjà que la construction des éclisses n'étant formée que de deux pièces, les contr'éclisses doivent de même être formées également de deux morceaux. La seule différence qu'il y ait entre elles et celle du violon, consiste en ce qu'elles sont d'une dimension beaucoup plus forte: elles ont deux lignes d'épaisseur sur sept lignes de largeur; il faut donc avoir des pincettes un peu plus fortes que celles servant au violon, pour les coller sur les éclisses.

Cet ouvrage fini, votre tasseau du bas ayant trois pouces de hauteur, et celui du haut deux pouces neuf lignes, vous dressez avec le grand rabot de fer les éclisses de manière à ce qu'à partir du point de jonction des deux éclisses au tasseau du bas, elles aient, jusqu'au milieu de chaque C de la guitare, trois pouces de hauteur; à partir du milieu des C jusqu'au tasseau du haut elles vont en diminuant d'une manière insensible, et finissent par n'avoir plus, comme le tasseau du haut, que deux pouces trois lignes de hauteur, c'est-à-dire que cette hauteur, comparée à celle du tasseau du bas, diminue de trois lignes. Votre ouvrage arrivé à ce point, il faut façonner le **fond**.

CHAPITRE V.

Du fond; manière de le confectionner, de le barrer et de le mettre d'épaisseur, pour le coller ensuite avec les éclisses.

Le fond de la guitare ayant dans toute sa longueur, une seule et même épaisseur, il est bien plus facile de le confectionner que celui du violon. On fixe le fond sur l'établi, comme nous l'avons expliqué au chapitre des éclisses, avec un valet et même deux s'il est nécessaire. Dans cette position, on le dresse avec la varlope, en prenant la précaution de ne donner à cet outil que très-peu de fer, pour éviter de faire éclater le bois. L'épaisseur du fond devant être de une ligne, vous le rabotez jusqu'à ce qu'il ait un peu plus que cette proportion, car il ne faut pas oublier qu'après la varlope il faudra enlever les inégalités que cet outil aura pu laisser, et le racler, opération qui peut lui enlever encore environ un tiers de ligne de son épaisseur.

Posant alors le fond ainsi préparé sur les éclisses que vous venez de quitter et qui sont encore fixées au moule, vous tracez, avec la pointe, le contour des éclisses sur le fond, et vous rognez votre fond d'après ce tracé, en ayant soin de laisser tout autour du trait, une ligne de bois de plus que ne l'indique le trait. Il faut en agir ainsi pour que le fond, se pliant un peu plus tard par l'action des barres, on ne risque pas de le voir trop étroit, pour qu'il puisse s'ajuster sur les éclisses quand on le collera.

Votre fond ainsi découpé, il faut s'occuper de confectionner les barres qui doivent, au nombre de quatre, être collées sur sa surface intérieure.

Ces barres sont des morceaux de sapin que l'on dresse à la varlope sur leurs côtés plats. Voilà la dimension des quatre barres du fond : épaisseur, trois lignes et demie; hauteur, sept lignes.

Si l'on désire que le fond de la guitare soit plat, on dresse le côté de ces barres, qui sera collé sur le fond, absolument plat. Si au contraire on veut que le fond soit légèrement voûté, on donne aux barres deux lignes d'élévation au centre de chacune d'elles, aussi du côté qui sera fixé au fond. (Voyez la fig. 41.)

J'observerai ici que les fonds voûtés donnent plus de vibration à l'instrument, et conséquemment plus de son que les fonds plats.

L'emplacement des barres sur le fond est indiqué par la figure n° 42, c'est-à-dire que placées en travers du fond, elles le partagent en cinq parties égales.

Aux deux bouts de chaque barre, on donne un

coup de canif qui, commençant à un pouce de l'extrémité de ces pièces, diminue la hauteur de sept lignes à trois lignes. (Voyez la fig. 41.)

Les barres du fond ainsi disposées et ayant pour longueur la largeur du fond, dans l'endroit où chacune d'elles doit être placée, on trace, avec une règle et un crayon leur emplacement, et après les avoir successivement enduites de colle, on les fixe sur le fond, en serrant ce dernier sur elles, et par les bouts avec les pinces à barres dont nous avons parlé pour le violon.

On commence le collage des barres par celle du haut du fond, et ainsi de suite.

N'oubliez pas que la barre la plus longue du fond, celle du bas, ne doit avoir qu'une ligne de voûte.

Cet ouvrage terminé et sec, il faut réunir ce fond aux éclisses qui déjà sont préparées pour le recevoir. Vous vous rappelez que nous avons laissé le fond un peu plus large que le tracé que nous avons décrit; ainsi ces barres seront aussi plus longues que l'éloignement pris en travers d'une éclisse à l'autre.

Posant donc le moule monté des éclisses sur l'établi, le côté déjà contr'éclissé en l'air, on place le fond ayant les barres en dessous sur les tasseaux et les éclisses, en cherchant à l'asseoir de manière à ce qu'il déborde uniformément toutes les éclisses. Prenant alors la pointe à tracer, vous marquez d'abord sur les éclisses, et de chaque côté de chaque barre, l'endroit où lesdites barres viennent s'appuyer sur les éclisses. Ensuite passant la pointe en dessous des barres et le long des éclisses, vous tirez, en travers du bout de chaque barre, un petit trait qui vous servira pour la rogner à la longueur qu'elle devra avoir. Les traits marqués sur les éclisses serviront à vous indiquer les endroits des contr'éclisses où les bouts des barres devront s'enclaver.

Enlevez votre fond de dessus les éclisses, et, avec le canif, commencez à couper vos barres de la longueur nécessaire.

Ce n'est pas sur le trait que vous avez tracé au bout des travers de chaque barre qu'il faut couper, mais à une demi-ligne plus loin que ce trait.

Vous comprendrez pourquoi on recule d'une demi-ligne le point de section quand vous saurez que la barre ne repose pas sur les éclisses, mais bien sur les contr'éclisses.

Coupez donc à angle droit le bout de vos barres de la manière que je viens de décrire, sans, bien entendu, toucher au fond.

Faites ensuite aux contr'éclisses les entailles nécessaires à recevoir le bout des barres.

Cette opération n'est pas difficile, puisque vous avez tracé l'épaisseur du bout de chaque barre par deux petits traits. Appuyant donc l'éclisse sur l'établi, en tenant le moule de champ, faites avec le canif les entailles de la largeur donnée par les deux traits, et donnez trois lignes de profondeur à l'entaille et les barres ayant à leurs bouts respectifs trois lignes aussi de hauteur, votre fond et vos barres ne peuvent manquer de se joindre parfaitement aux éclisses.

Enduisez de colle vos tasseaux et vos éclisses et serrez, comme pour le violon, votre fond sur ces mêmes éclisses, avec les vis à guitare.

CHAPITRE VI.

De la table; manière de la confectionner, de la barrer et de la mettre d'épaisseur, et enfin de la coller avec le corps de l'instrument.

Quand la table de la guitare est d'une seule pièce, elle se façonne tout comme le fond. Quand au contraire elle est de deux pièces, on commence par dresser et joindre les deux morceaux qui doivent la composer.

Dans ces deux cas son épaisseur, comme celle du fond, est uniforme sur toutes ses parties. Cette épaisseur est de une ligne.

La table a cinq barres. L'épaisseur de ces barres est la même que celle des barres du fond. Leur longueur doit aussi, comme au fond, venir se reposer contre les éclisses. Quant à leur hauteur, elle varie ainsi que leur placement.

La première, celle la plus rapprochée du tasseau du manche, est droite et se place à seize lignes du haut de la table; elle a sept lignes de hauteur.

La seconde se place à huit lignes au-dessus de la rosette. Au lieu d'être voûtée, elle creuse d'une ligne. Sa hauteur est de sept lignes.

La troisième se place à huit lignes au-dessous de la rosette et creuse aussi d'une ligne. Sa hauteur est de sept lignes.

La quatrième se place triangulairement, le bout du côté des cordes argentées, à deux pouces de la troisième barre, et l'autre bout à cinq pouces aussi de la troisième barre, du côté du petit *mi*. Elle est un peu plus forte et un peu plus haute que les autres.

Enfin, la cinquième se place transversalement à neuf lignes derrière le chevalet; on ne lui donne que deux lignes d'épaisseur et trois lignes de hauteur.

Quand donc on a dressé la table de manière à lui donner l'épaisseur indiquée au commencement de ce Chapitre, on s'occupe de tracer la forme qu'elle doit avoir en opérant comme pour le fond, c'est-à-dire qu'on la place sur l'établi; et posant le corps déjà monté de la guitare, du côté où le moule affleure les éclisses, on trace avec la pointe le contour des éclisses sur la table. Il ne faut pas, comme pour le fond, en découpant la table, laisser une ligne en dehors du trait, et en voici la raison : la table est plate; de plus, quand vous aurez retiré le moule du corps de la guitare, et contr'éclissé les éclisses, ces dernières pièces pourront ne pas conserver précisément la position qu'elles avaient lorsqu'elles étaient maintenues par le moule. C'est donc en faisant rentrer ou ressortir les éclisses, selon qu'il en sera besoin, que vous les remettrez à leur emplacement primitif, et vous ne pouvez parvenir à ce but qu'en ayant les contours de la table exactement tracés pour guide. Occupez-vous donc, après avoir démonté le moule, de contr'éclisser le côté de la guitare qui ne l'est pas encore; collez vos barres à la place respective de chacune d'elle, après leur avoir donné les dimensions indiquées, et opérez tout comme pour le fond, quant à ce qui concerne l'ajustage de la table sur le corps de la guitare.

Nous terminerons ce chapitre en faisant remarquer que les barres doivent être arrondies du côté opposé à celui par lequel elles sont fixées par la colle au fond et à la table, et ensuite polies au papier de verre.

CHAPITRE VII.

Des bords et des filets de la guitare. De la rosette. Manière de façonner et de poser ces différentes pièces. Description de deux nouveaux outils particuliers à la confection de la guitare.

Les bords de la guitare sont des filets de bois teint, d'ébène et d'ivoire, qui servent à orner la guitare. Ils ne servent réellement qu'à orner l'instrument, qui, privé de ces enjolivemens, n'en serait que plus solide. Ces bords, n'importe de quelle matière ils soient, ont une ligne et demie sur chacune de leurs faces : ils sont carrés. Ceux en bois et en ébène se plient comme les éclisses, par le secours du feu et de l'eau. Ceux en ivoire obtiennent assez d'élasticité pour se plier convenablement et suivre les contours de la guitare, en les laissant tremper dans de fort vinaigre pendant vingt-quatre heures.

Le luthier peut facilement confectionner ceux en bois et en ébène, et je ne crois pas qu'il soit nécessaire d'expliquer ici la main-d'œuvre qu'on emploie pour les tirer d'un morceau ; mais il n'en est pas de même de ceux en ivoire qu'on trouve à bien meilleur prix qu'en les fabriquant soi-même, chez les tabletiers, qui ont des outils propres à ce genre de travail.

Les filets sont absolument semblables à ceux employés pour le violon, et s'obtiennent aussi de la même manière, quant à ceux de bois ou d'ébène. Ceux en ivoire s'achettent également chez les tabletiers.

Les filets étant tous fort minces, n'ont pas besoin d'être pliés à l'avance.

Revenons au corps de la guitare, en nous rappelant que nous l'avons laissé au moment où la table venait d'y être collée. La première chose à faire est de rogner ce que le fond et la table peuvent avoir de saillie sur les éclisses, opération qui se fait au moyen du canif et de la lime, en ayant bien soin de ne pas attaquer avec ces outils les éclisses.

Les bords du fond et de la table étant donc mis à fleur des éclisses, on prend le traçoir, et lui donnant un peu moins d'une ligne et demie d'ouverture, on trace sur la table et sur le fond, en appuyant la grande jambe du traçoir contre l'éclisse, un trait qui suive tout le pourtour de l'instrument.

Laissant la même ouverture au traçoir, dont on appuie la grande jambe sur la table d'abord, et ensuite sur le fond ; on trace sur les éclisses un trait semblable à celui déjà tracé sur la table et sur le fond. Prenant alors un canif, on enfonce perpendiculairement ces traits, de manière à enlever carrément le bois qui se trouve compris entre le trait du fond et celui des éclisses, et entre le trait de la table et celui des éclisses.

Cette opération terminée sur tous les contours de la guitare, vous avez l'emplacement de vos bords creusés, et il faut les coller en les serrant dans cette entaille, de manière à ce qu'ils joignent exactement avec la table et les éclisses, et avec le fond et les éclisses. Voilà comment on s'y prend pour obtenir ce résultat : on se fabrique un outil dont j'ignore le nom, je l'avoue, mais que j'appellerai la presse à bords. Cet outil (voyez la figure n° 43), est composé d'un morceau de bois de hêtre, long de trois pouces et demi, et épais de dix à douze lignes. Un de ses côtés aa décrit une courbe de deux lignes de profondeur ; sa largeur est de dix-huit lignes.

Ce morceau de bois est partagé dans son milieu par une espèce de vrille B B, terminée en vis ; un collet en fer cc s'appuie sur le morceau pour résister à la vis.

Avant donc de coller les bords de la guitare, il faut couper, bien d'équerre, les deux bouts qui doivent venir se joindre au milieu du tasseau de la guitare qui porte le bouton du bas.

Percez un trou dans le milieu du tasseau du bas, à l'endroit juste où doit se poser le bouton, et faites ce trou de manière à ce que la vis de l'outil que je viens de décrire ne puisse y entrer qu'en forçant un peu ; faites alors entrer la vis dans le trou, et en serrant, rapprochez le morceau de bois des éclisses, de manière à ce que le côté creux dudit morceau se trouve prêt à appuyer par ses deux bouts sur l'angle de la table et du fond de la guitare ; présentez alors, après avoir enduit de colle l'entaille de la table, les deux bouts de vos bords que vous faites bien joindre bout à bout ; serrez la vis de votre presse de manière à pincer et à retenir dans l'entaille les bords que vous renfoncez avec le bout d'une lime plate, s'ils ne joignent pas bien sur l'éclisse.

Vos deux bouts des bords ainsi fixés, ramenez vos bords vers les C de la guitare, où vous les fixerez au moyen d'une tresse en gros fil, ou d'une ficelle un peu grosse ; continuez alors à faire joindre vos bords jusqu'au tasseau du haut, et avec une presse semblable à celle déjà décrite, fixez les bouts sur le tasseau.

J'observerai qu'il n'est pas nécessaire que les deux bouts des bords joignent sur le tasseau du haut comme sur celui du bas, attendu que le manche devant plus tard s'enclaver dans le tasseau, on sera obligé de couper de ces bords pour lui faire place.

Les bords de la table ainsi collés et secs, faites la même opération pour ceux du fond, en observant de les faire joindre parfaitement par leurs bouts sur le tasseau du haut comme sur celui du bas.

Les bords collés sur la table et sur le fond, il faut avec une lime les mettre à fleur des éclisses qu'ils pourraient un peu déborder.

Maintenant il s'agit de mettre les filets, soit à la table, soit au fond.

Prenant donc trois ou quatre filets et les serrant les uns sur les autres, sur leur plat, vous mesurez l'épaisseur qu'ainsi réunis ils peuvent avoir.

Je dis trois ou quatre filets, car on peut en mettre plus ou moins, cela dépend du goût de l'ouvrier, comme aussi leur mélange plus ou moins noir, plus ou moins blanc.

Ayant donc pris l'épaisseur des filets réunis que vous voulez employer, donnez juste au traçoir l'ouverture correspondante à cette épaisseur, et opérez comme pour le violon, à deux exceptions près.

La première, c'est que vous n'avez besoin que du trait intérieur, puisque les bords déjà collés formeront le trait extérieur de la rainure qui recevra les filets.

La seconde, c'est qu'il ne faut pas coller ensemble les filets que vous emploierez : ils se placeront facilement et comme d'eux-mêmes, la guitare ayant des contours plus réguliers et moins raccourcis que le violon.

De la rosette.

La rosette est ce trou rond qui se trouve dans le centre de la table, et qui remplace pour la guitare les ff du violon.

L'instrument qui sert à établir ce trou se nomme coupe-rosette, voilà sa description (Voy. la figure n° 44.)

Cet outil est tout en fer; l'équerre formée par le morceau $a\ a\ a$ est d'un seul morceau plat, ayant quatre lignes de large sur deux lignes d'épaisseur; sa longueur est de six pouces; la pointe B se fixe sur le point que l'on a choisi pour centre de la rosette.

La poupée C est un morceau à coulisse qui peut glisser à volonté sur la tige $a\ a\ a$, et se fixer par le moyen de la vis D; la pointe E sert à tracer le cercle que doit décrire la rosette: cette pointe doit être de bon acier et très-affilée, pour marquer bien nettement sur le sapin.

Quand donc vous voulez établir la rosette, il faut commencer par prendre le point central de son diamètre. Ce point est à cinq pouces trois lignes du bord du haut de la guitare; ouvrant le coupe-rosette de la moitié du diamètre que vous voulez donner au trou, vous fixez la pointe mobile au moyen de la vis; posant alors la pointe B dans le centre, vous tracez le rond avec la pointe E. Ce cercle que vous venez de tracer sera la circonférence extérieure de la rainure qui devra recevoir les filets qui orneront la rosette ; reculant alors la pointe E du coupe-rosette vers la pointe B, de la largeur que vous voulez donner à vos filets, vous tracez de même que ci-dessus le cercle intérieur de la rosette.

La largeur de la rosette est de trente lignes intérieurement, et de trois pouces à sa circonférence extérieure. Au reste, cela dépend du plus ou moins grand nombre de filets que l'on veut y employer.

La rainure de la rosette tracée, vous opérez comme pour le violon, en prenant d'abord un canif pour enfoncer un peu les traits du coupe-rosette, opération qu'il ne faut faire qu'avec beaucoup de circonspection, car le canif pourrait facilement percer la table d'outre en outre. Les traits du coupe-rosette enfoncés à moitié bois, on évide la rainure avec un petit ciseau, et on ajuste le premier filet sur le bord extérieur de la rosette, en ayant soin de le couper plutôt trop long que trop court, au point où il doit rejoindre le bout que vous avez placé le premier dans la rainure, afin de le forcer à bien prendre le contour de la rosette. Ce filet placé, vous en mettez un second, un troisième, etc., en prenant les mêmes précautions ; enfin, arrivé au dernier, vous le mettrez un peu plus épais que les autres, et vous laissez sécher.

Alors vous affleurez tous les filets à la table avec les limes et les racloirs; prenant ensuite un canif, vous découpez petit à petit le bois de la table qui se trouve encore au milieu de la rosette, et voilà le corps de la guitare terminé.

CHAPITRE VIII.

Du manche et de son chevillier. Manière de confectionner ces deux pièces.

Comme le reste de la guitare, le manche de cet instrument est bien plus facile à établir que celui du violon.

Le manche de la guitare se tire ordinairement du tilleul; outre que ce bois offre suffisamment de solidité, il a encore l'avantage d'être léger, et par conséquent de moins fatiguer la main de la personne qui joue de cet instrument, dont la tenue par elle-même est déjà assez gênante.

On dresse à la varlope un morceau de tilleul carré ; on donne à deux de ses faces deux pouces et demi de largeur, et aux deux autres trois pouces. La longueur du morceau est de quatorze pouces.

Prenant une règle et un crayon, vous partagez en deux parties égales, et dans toute sa longueur, une des faces étroites.

Ce côté ainsi partagé est celui destiné à former le plat du manche qui doit recevoir les tons.

Prenant l'équerre, vous tracez avec la pointe

à quinze lignes d'un de ses bouts et en travers la ligne *a a*. (Voyez la figure n° 45.)

Mesurant à partir de cette ligne vers l'autre bout du morceau onze pouces six lignes, vous tirez encore en travers, et au moyen de l'équerre, la ligne *e e*, et à trois lignes plus loin, la ligne *ff*.

Prenant un compas, vous lui donnez onze lignes d'ouverture ; placez alors une de ses pointes sur le centre de la ligne *a a*, et l'autre tour à tour sur la même ligne, aux deux points *b*; tirez les deux lignes *b b*.

Ramenez ensuite l'ouverture du compas à neuf lignes, et par la même opération, marquez les deux points *d d*, pour tirer ensuite ces deux lignes jusqu'au point C.

Voilà la superficie de votre manche tracée.

Retournant alors votre manche, vous tracez sur une de ses faces larges, comme dans la figure n° 46, en observant les proportions suivantes :

Du point *b* au point N, 8 lignes. = Du point *d* au point *e*, 2 lignes. = Du point *a* au point *b*, et du point *c* au point *d*, 4 lignes. = Du point *f* au point *g*, 9 lignes. = Du point *h* au point *i*, 4 lignes. = Du point *i* au point *k*, 2 pouces 9 lignes (la hauteur des éclisses). = Des points *i* et *k* aux points *l* et *m*, 3 lignes.

Tout ce tracé opéré avec exactitude, enlevez à la scie tout le bois inutile qui se trouve en dehors des traits ; dressez les bords du plat du manche avec le grand rabot de fer, et arrondissez le dessous du plat du manche, d'abord avec le canif, ensuite avec les limes, de manière à lui faire décrire la forme d'une demi-ovale; agissez-en de même pour le pied, et plaquez le tout.

La feuille d'ébène destinée à plaquer le manche n'a qu'un quart de ligne d'épaisseur; sans le moyen que je vais indiquer, il serait fort difficile de plaquer le manche et son pied. Voilà comme on s'y prend :

Vous taillez avec une paire de ciseaux une feuille de parchemin un peu fort, comme si vous vouliez la faire servir de placage elle-même, en formant une échancrure semblable à celle que forme le manche à son coude; quand vous avez parfaitement réussi à lui faire suivre la fausse-coupe du manche, là où il touche à l'angle formé par son pied, vous taillez de même un morceau de parchemin qui s'ajuste également sur le pied, et vous collez ces deux morceaux de parchemin sur des feuilles de placage qui aient au moins la dimension de vos morceaux de parchemin.

Le tout étant sec, vous commencez par faire quelques crans sur la partie du pied qui doit s'enclaver dans le corps de la guitare, et cela de chaque côté.

Couvrant alors de colle le pied du manche, vous y appliquez le morceau de placage que vous avez auparavant taillé, en suivant la forme que vous avez donnée au parchemin, et vous serrez le tout au moyen d'une ficelle que vous assujettissez dans les crans dont j'ai parlé. Enfin, vous agissez de même pour le manche, qui de cette manière se trouve plaqué.

Pendant que le tout sèche, on prépare le chevillier qui se fait en bois de hêtre, le tilleul étant trop tendre pour supporter le frottement des chevilles, et la lousse ne pouvant d'ailleurs y percer des trous bien cylindriques.

Il vous suffira de prendre pour modèle le chevillier de la guitarre que vous copiez pour faire cette pièce qui est absolument plate et la plaquer dessus et dessous en la serrant entre deux morceaux de bois au moyen de deux ou trois harpes.

Le chevillier et le manche étant secs, on pose la petite queue qui est au haut du manche, sur le dessous du chevillier, en ayant soin de le bien placer au milieu, et on tire avec la pointe deux traits qui vous guident pour faire dans le chevillier l'entaille qui doit recevoir la queue du manche. Cette queue doit être taillée en biseau dont le côté le plus large se trouve en dedans du chevillier et être bien ajustée pour qu'elle entre un peu à force. Il ne s'agit plus que de la coller et voilà le manche à-peu-près terminé.

Il reste cependant encore à coller sur le plat dudit manche une touche d'ébène. Voilà comme on procède à ce travail. On prend un morceau d'ébène que l'on dresse à une ligne et demie d'épaisseur : on lui donne huit pouces de longueur et la même largeur que le manche à partir du sillet. On colle ce morceau sur le manche en le serrant fortement avec une tresse de fil. On conçoit que le manche de la guitare ayant onze pouces et demi de long, ce morceau ne peut le couvrir entièrement : il faut qu'il en soit ainsi. Tout à l'heure on en verra la raison.

CHAPITRE IX.

De la réunion du manche au corps de la guitare. Manière de poser la touche et le sillet. Confection du chevalet.

Le manche de la guitare tel que nous l'avons établi se trouve avoir trois lignes de plus que sa vraie longueur qui est de onze pouces et demi. Ces trois lignes sont réservées pour entrer dans le tasseau du haut de la guitare, de même que le manche du violon.

Le travail par lequel on enclave le pied du manche de la guitare dans le corps de l'instrument s'exécute de même que celui relatif au violon, et il est bien plus facile en cela que le manche de la guitare n'étant pas renversé, il doit suivre d'un bout à l'autre la ligne droite de la table.

Il y a cependant une remarque à faire, c'est que la touche de la guitare que nous avons laissée imparfaite sur le manche devant s'élever d'une ligne et demie au-dessus de la table, il faut, quand on a enclavé le manche, prendre une règle et vérifier si ledit manche étant en ligne droite avec la table, le bout de la règle se trouve avoir juste une ligne et demie d'élévation au-dessus de la table. Dans le cas où la règle baisserait trop, on ôte, encore comme au violon, un peu de bois au tasseau du côté du fond et dans le cas contraire du côté de la table.

Le manche bien droit et bien ajusté on le colle, et on le serre comme celui du violon avec une harpe et un morceau de liége.

Ce travail fini, on ajoute un morceau d'ébène à la touche qui couvre déjà une partie du manche en lui donnant la même épaisseur d'une ligne et demie et en la découpant comme dans la figure n° 47 où elle vient finir à un pouce de la rosette.

Ce travail fini, on dresse toute la touche avec le grand rabot de fer de manière à ce qu'elle soit parfaitement droite, on la racle et on pose le sillet.

Le chevalet est une pièce tellement simple qu'il ne s'agit que de s'en procurer un d'une forme qui vous plaise, et de le tracer sur une planchette à modèle pour en faire ensuite de semblables.

On perce les trous du chevalet, avant de le coller à la distance voulue : et pour le coller, on pose la guitare à plat sur l'établi et on serre le chevalet sur l'instrument au moyen d'un valet.

Il faut avoir soin de poser un linge ou un tapis entre la guitare et l'établi, pour ne pas lui faire de foulure, et presser le valet avec beaucoup de circonspection.

Dans le Chapitre suivant nous donnerons les dimensions du chevalet quant à son élévation au-dessus de la table et les dimensions du sillet.

CHAPITRE X.

Disposition des tons sur le manche de la guitare. Hauteur du sillet et du chevalet, élévation des cordes sur la table et le manche. Description d'un nouvel outil.

Nous allons commencer ce chapitre par la description de l'outil qui sert à marquer la place exacte que doit occuper chaque ton sur le manche.

Nous n'expliquerons pas ce qu'on appelle ton ; car chacun sait que les tons d'une guitare ne sont autre chose, quelle qu'en soit la matière, que ces petites barres, placées en travers du manche de l'instrument pour former les notes chromatiques de la gamme.

L'outil dont nous avons à parler ici n'est autre chose qu'un compas semblable à la figure, n° 48. A partir du clou jusqu'à l'extrémité de ses deux jambes, il a quinze pouces de longueur : tout le secret de cet outil, fort bien imaginé sans doute, consiste en cela que quand ses deux jambes sont ouvertes de deux pieds juste, ses deux petites cornes ont une ouverture de seize lignes ni plus ni moins. Ce compas peut être de bois, de fer ou de cuivre. J'avertis seulement que quand il est de bois, ses cornes et le bout de ses jambes doivent être de fer.

Voulant donc marquer l'endroit précis où doit se placer votre premier ton, vous ouvrez le compas en posant une de ses grandes pointes contre le sillet de la guitare, et l'autre pointe contre le sillet du chevalet. Cette dimension prise bien exactement, vous retournez le compas, et posant une de ses cornes contre le sillet, vous marquez un point sur la touche avec l'autre corne, et voilà la place de votre premier ton.

N'oubliez pas que l'ordre numérique des tons se compte en partant du sillet voisin des chevilles.

Retournez votre compas, et posant une de ses grandes pointes contre le sillet du chevalet, et l'autre sur le point que vous venez de marquer sur la touche, vous retournez votre compas, et posant une de ses cornes sur le même point déjà marqué sur la touche, vous marquez le point où se trouvera le deuxième ton et continuez ainsi jusqu'à la fin, qui est au dix-septième ton.

Pour bien faire ce travail, qui demande beaucoup d'exactitude, il faut tirer une ligne droite au crayon qui, du sillet jusqu'à la rosette, partage la touche en deux parties égales, et pointer les tons sur cette ligne.

Tous les tons ainsi marqués, vous donnez sur

chaque point un trait de scie de trois quarts de ligne de profondeur. Il faut que cette scie n'ait pas plus d'une demi-ligne de voie.

Ce travail fini, vous placez dans chaque trait de scie, un morceau d'os, d'ivoire, de laiton ou d'argent.

Il faut que ces morceaux entrent un peu à force dans les traits de scie où vous avez, au préalable, introduit de la colle au moyen de la spatule.

Quand le tout est sec, vous limez vos tons de manière à ce qu'en prenant une règle, ils soient tous parfaitement égaux en hauteur au-dessus de la touche. Cette hauteur est d'une demi-ligne.

Il faut aussi, avec la lime, arrondir le bout de chaque ton, sur les deux côtés du manche, pour que la main, qui jouera l'instrument, puisse glisser le long du manche sans être incommodée.

Enfin la hauteur du sillet du chevalet doit être de trois lignes au-dessus de la table, et la hauteur du sillet voisin des chevilles doit, dans la profondeur de ses six crans, être telle que les cordes à la douzième case (les tons se nomment aussi cases) se trouvent avoir une élévation de deux lignes au-dessus de la touche.

Toutes ces opérations terminées, il ne reste plus qu'à racler bien proprement tout le corps de l'instrument, le polir et le vernisser, travail en tout semblable à celui du violon.

La guitare vernissée, on y ajuste le bouton, les chevilles, et les boutons du chevalet au moyen de la lousse, en observant, qu'entre le premier et le sixième bouton, il y a une distance de vingt-six lignes. Enfin on fait, dans chaque trou du chevalet, au moyen d'une scie à couteau, (Voyez la figure n° 49.) un cran qui sert à loger le bout de chaque corde. Chacun de ces crans part du trou pour aller vers le manche de la guitare. Enfin on monte les cordes, et la guitare est terminée.

Observation finale.

La guitare sur laquelle nous avons établi les proportions indiquées dans cette seconde partie, avait seize pouces de longueur à partir du bord du tasseau du bas à celui du tasseau du haut, ce qui donnait à son diapason une étendue de vingt-trois pouces neuf lignes.

On appelle diapason l'intervalle renfermé entre le sillet qui se trouve près des chevilles et le sillet du chevalet.

TROISIÈME PARTIE.

DE L'ARCHET.

CHAPITRE PREMIER.

Il y a, pour chacun des instrumens dont nous avons parlé dans la première partie de cet ouvrage, une espèce particulière d'archet.

L'archet du violon a vingt-sept pouces de longueur.

Celui de l'alto ne diffère de celui du violon qu'en ce qu'il est un peu plus fort de baguette, et cela, parce qu'il doit mettre en vibration de plus grosses cordes que celles du violon.

L'archet de basse ou violoncelle a vingt-quatre à vingt-cinq pouces aussi de longueur.

Les archets de contre-basses variant à l'infini de formes et de dimensions, on ne peut rien préciser à son égard : d'ailleurs il est si facile à confectionner, qu'en en voyant un quelconque, le premier ouvrier en bois pourra de suite en faire un semblable.

Il n'en est pas de même des autres ; celui de violon, par exemple, exige une grande adresse dans une main exercée dès long-temps, et les ouvriers qui font bien les archets sont fort rares.

Les archets de violon, alto et basse se garnissent en crins blancs. Pour ceux de contre-basse, on prend des crins noirs. Les plus forts sont les préférés.

Tous les archets qui ont quelque prix se font avec des bois des îles, tels que le campêche, le bois de fer, le bois de Brésil, le Fernambouc et autres. L'ébène et quelquefois l'ivoire fournissent la hausse.

Le meilleur de ces bois est le Fernambouc, Aussi ne voit-on plus d'archet soigné qui ne soit de ce bois : sa dureté et sa flexibilité lui ont fait donner la préférence à tous les autres pour la confection des baguettes d'archets.

Le bois de fer a bien aussi son mérite, surtout pour les archets de basse; mais, outre qu'il est un peu trop lourd, il se tourmente volontiers, et les baguettes qu'il a servi à façonner restent rarement droites.

On fait aussi des archets en bois du pays, mais le meilleur ne vaut rien.

CHAPITRE II.

Des outils servant à la fabrication des archets.

Il faut bien moins d'outils au fabricant d'archets qu'au luthier. Ces outils sont les suivans :

Un établi semblable à celui du luthier, un valet, deux rabots en fer, un foret, des ciseaux, des canifs, deux scies, des limes, une filière et ses tarauds, un étau, et un étau à main.

Des rabots en fer.

Le premier de ces rabots en fer est, en tous points, semblable au rabot du luthier, (fig. n° 1.)

La seule différence consiste dans ses dimensions qui sont moindres. Ce rabot a cinq pouces de long sur un pouce de large à sa semelle.

La figure n° 55 représente le petit rabot en fer dans sa grandeur naturelle ; il est du reste organisé comme ceux en fer du luthier.

(192)

Des forets.

La figure n° 56 représente cet outil qui est fort connu, car il n'y a pas de serrurier qui n'en ait un semblable.

Pour mettre cet outil en mouvement, il faut avoir ce qu'on appelle un archet : cet archet est une lame de fleuret ou d'épée recourbée à sa pointe en forme de crochet pour y fixer une lanière de cuir ou un *ré* de basse; on fait faire deux ou trois tours de la partie a du forêt à cette lanière que l'on fixe ensuite au manche de l'archet, et, par le tirer et le pousser, on imprime au foret le mouvement de rotation.

La vis b sert à assujettir le porte-foret a pour l'empêcher de sauter en tournant. Dans l'intérieur du bout c on a pratiqué un carré dans lequel s'adapte le bout du foret : ce carré a une profondeur de huit lignes : on fixe le foret dans le carré par la petite vis d.

Il faut avoir des forets de différentes dimensions : tous ces forets doivent naturellement être proportionnés aux trous qu'ils sont destinés à forer. Ainsi, par exemple, il en faut deux pour l'archet de violon.

Un de ces forets sera destiné à percer le trou du bas de la baguette pour y loger la vis qui fait avancer et reculer la hausse, à percer les trous destinés à ouvrir la mortaise dans laquelle sera logée la vis qui tient d'un côté à la hausse, et dont l'écrou va et vient dans cette mortaise, enfin ce même foret peut encore percer dans la hausse le trou qui recevra la vis qui porte l'écrou.

Enfin un foret plus large et plus court servira à percer les trous de la tête de la baguette et de la hausse, lesquels deux trous sont destinés à fixer les crins comme on l'expliquera plus tard.

La figure n° 57 représente un de ces forets, qui sont en acier trempé très-dur par la pointe A. Cette pointe A a deux faces qui se terminent en triangle. Chacune de ces deux faces doit être affûtée de manière à former un petit biseau. Ces deux biseaux doivent se trouver chacun sur une des faces du foret, et taillés de sorte que le même mouvement de rotation leur permette de mordre tous deux dans le bois en même temps.

Il n'y a que la pointe A des forets qui doit être trempée, parce que, si l'on trempait la totalité du foret, on le casserait facilement.

Au reste, il est bon de faire établir tous les outils de fer et d'acier par un coutelier, par exemple, qui, ayant l'habitude de la trempe et de travailler ces métaux, les fera toujours mieux que celui qui, étranger à ce travail, ne réussirait souvent pas à faire un bon foret sur cent.

Il faut avoir des forets particuliers pour chaque espèce d'archets.

Des ciseaux.

Les ciseaux du fabricant d'archets sont et doivent être très-courts : on les emmanche dans des morceaux de bois en forme de champignon : ils ressemblent parfaitement bien à un burin tout emmanché de graveur sur métaux.

Deux pouces de lame et deux pouces de manche, telle est la proportion que doivent avoir ces outils, qui, dans une plus grande dimension, seraient gênans, et exposeraient celui qui s'en sert à s'estropier.

Il faut que ces outils aient peu de longueur pour que la main qui les fait agir ait plus de force pour les faire mordre dans les bois à archets, qui sont tous d'une grande dureté.

Ces ciseaux sont proportionnés aux différentes mains-d'œuvre auxquelles ils sont destinés. Ainsi celui qui doit creuser la mortaise de la tête et celle de la hausse, doit être plus large que celui qui doit creuser la mortaise du bas de la baguette. A la simple inspection d'un archet bien fait on verra déjà quelles sont les proportions à donner aux différens outils du fabricant d'archets.

Des canifs.

Ces outils étant en tout semblables à ceux du luthier, nous renvoyons à la première partie de cet ouvrage.

Des scies.

Deux scies suffisent pour la fabrication des archets. Une scie de trente pouces de longueur sur dix-huit lignes de large et montée à l'allemande, sert à refendre le bois qui fournira les baguettes. Il faut que la lame de cette scie soit de très-bonne trempe, car autrement elle ne résisterait pas long-temps à la dureté des bois qu'elle doit découper.

Une autre scie en ressort et très-dure, montée en fer, et se bandant au moyen d'une vis, sert à couper le fer, le laiton, l'ivoire, la nacre et ensuite tous les corps durs servant dans la construction de l'archet. C'est un outil que l'on trouve à acheter tout prêt chez les quincailliers.

Des limes.

Il faut des limes de différentes dimensions et de différentes formes au fabricant d'archets.

Pour la baguette, il faut des limes plates et demi-rondes, comme nous l'expliquerons plus tard.

Pour la hausse, il en faut des plates et des rondes.

La taille de ces diverses limes doit en général être plutôt fine que grossière, mais cependant pas trop fine. Au reste, l'usage aura bientôt appris à choisir ces outils d'une manière convenable.

De la filière et de ses tarauds.

Voilà encore un outil que l'on achette tout fait chez les quincailliers ; il ne s'agit, en faisant cette emplette, que de choisir celui dont les pas de vis sont en rapport avec l'ouvrage que vous voulez confectionner. Pour cela vous calculez la grosseur du plus petit trou de la filière sur une vis d'archet de violon et le plus gros sur une vis d'archet de contre-basse.

Des étaux.

Enfin il faut deux étaux au fabricant d'archets, un étau qui ait deux pouces et demi de mâchoire, et par-derrière une vis et une patte au moyen desquels on puisse fixer l'étau sur un bout de planche que l'on fixe elle-même sur l'établi par le secours du valet. Plus un petit étau à main qui sert à pincer les pièces de petit volume que l'on ne peut tenir dans la main, comme l'écrou de la hausse, la vis de l'archet, etc.

Les quincailliers vous fourniront encore ces deux outils.

Les racloirs sont aussi des outils dont se sert le fabricant d'archets ; mais les ayant signalés dans la première partie de cet ouvrage, nous n'en parlerons pas davantage.

CHAPITRE III.

Des modèles. Manière de les confectionner.

Comme le luthier, le fabricant d'archets a aussi ses modèles qui sont pris dans des planchettes de bois dur d'une ligne à une ligne et demie d'épaisseur.

Le principal de ces modèles est celui de la baguette. Pour l'obtenir il faut commencer par se procurer un archet dont la confection ne laisse rien à désirer sous le rapport de la beauté et de la bonté.

Ayant donc cet archet à votre disposition, (1) détendez les crins, et séparez la hausse de la baguette que vous coucherez à plat sur la planchette destinée à devenir le modèle, alors tracez avec soin, comme pour les modèles de violon,

---

(1) Je suis bien aise de dire ici, qu'on ne peut mieux faire pour se procurer un tel archet, que de s'adresser à M. Vuillaume, luthier, rue Croix-des-Petits-Champs. Il est impossible de faire mieux les archets que cet habile artiste.

toutes les formes de cette baguette et découpez la planchette. Agissez de même pour la hausse et voilà vos deux modèles principaux établis.

Prenez ensuite un petit morceau de bois plat, et faites-lui trois entailles carrées comme celles de la figure n° 58. Ce petit calibre vous donnera, comme guide, les différentes épaisseurs que devra avoir l'archet dans sa longueur et voici comment.

La plus grande entaille sera l'épaisseur juste du bout de la baguette, là où elle se joint au bouton de la vis.

La seconde entaille aura l'épaisseur juste du milieu de la baguette.

Et enfin la troisième donnera l'épaisseur juste de la baguette, prise contre la tête de l'archet.

CHAPITRE IV.

Manière de s'y prendre pour refendre le morceau de bois destiné à fournir les baguettes d'archets.

Une des choses les plus essentielles pour fabriquer de bons archets est le choix du bois qui doit les fournir. Il faut bien se garder d'employer un morceau dans lequel on apercevrait soit des nœuds, soit des gerçures, ou enfin quelques autres défauts; car votre travail serait en pure perte, un archet qui a quelqu'un de ces vices de bois, ne pouvant jamais rester droit, ni avoir l'élasticité qui est sa première qualité.

Quand donc vous avez choisi un morceau de bois bien sain et dont le fil, au lieu de se tortiller, est bien droit, commencez par raboter et dresser à la varlope ce morceau sur une de ses faces. Choisissez le côté que vous dressez ainsi, de manière à tirer le meilleur parti possible du morceau, car les bois des îles, le Fernambouc, par exemple, sont fort chers.

Supposons que le morceau que vous voulez travailler, une fois coupé à sa longueur, vingt-sept pouces, présente sur une de ses faces la largeur nécessaire pour y prendre deux archets l'un sur l'autre, et que l'autre face n'ait que la largeur suffisante pour un archet et la moitié d'un, il faut donc refendre de manière à faire tomber le dos de la baguette du côté où on ne peut prendre deux archets dans la même surface.

Posant donc votre modèle sur le côté dressé dont nous venons de parler, tracez avec de la craie les contours de ce modèle, en le plaçant de manière à ce qu'autant que possible les fils du bois suivent la courbe du modèle; cette opération faite, tracez avec le troussequin l'épaisseur de la baguette sur le côté qui fait angle avec celui sur lequel vous venez de tracer le modèle de la baguette.

Observez dans cette manutention qu'il faut refendre la baguette de manière à ce qu'elle ait au moins une ligne de plus qu'elle ne doit réellement avoir dans toutes ses proportions, pour être maître de lui donner plus tard avec les outils la tournure qu'elle doit avoir définitivement.

Fixant alors le morceau sous le valet de l'établi, enlevez cette feuille avec la scie à refendre.

Dressez de nouveau avec la varlope le morceau, et opérez comme dessus jusqu'au bout.

Vos baguettes ainsi disposées en feuilles, découpez-les à la scie en suivant le tracé du modèle.

Prenez alors le grand rabot en fer, et commencez par raboter le côté de la baguette qui porte les traits de la scie qui l'a refendue.

On commence à raboter les baguettes en les tenant par la tête, de la main gauche, et en posant le corps de la baguette sur l'établi et vers un de ses bouts, pour être plus à même de conduire le rabot à volonté.

On rabote ainsi les deux côtés d'abord, en ayant bien soin de regarder souvent si, à partir du bout de la baguette, son dos se trouve bien en ligne droite avec le sommet de la tête. Ces deux côtés dressés convenablement, et en diminuant également d'épaisseur au fur et à mesure que vous approchez de la tête, il faut dresser le dos et le ventre de la baguette, en observant de former de ces quatre faces un carré parfait, dont le côté du dos, une fois bien en rapport avec la tête de l'archet, sera la base de l'ouvrage qui reste à faire.

Cette main-d'œuvre terminée, prenez le calibre n° 58, et essayez d'y placer le bout de la baguette pour savoir d'une manière précise si elle a ou non l'épaisseur convenable, et rabotez les quatre faces de ce bout jusqu'à ce qu'il ait juste l'épaisseur convenable.

Vous servant ensuite de ce calibre pour donner au centre et au bout qui se trouve près la tête de la baguette les épaisseurs voulues, prenez l'archet cette fois par son extrémité inférieure dans la main gauche, et rabotez-le en poussant un peu obliquement le rabot vers la tête de l'archet, et de cette manière donnez-lui, en conservant toujours la baguette bien carrée, les trois épaisseurs du calibre.

Prenant alors le canif, enlevez de chaque côté de la tête de l'archet ce qu'elle a de trop d'épaisseur, mais ayez soin de ne pas enlever de bois plus d'un côté que de l'autre.

Occupez-vous alors de préparer le morceau d'ivoire qui doit garnir la superficie de la tête, et que nous nommerons la semelle. La figure n° 59 représente cette pièce.

Voilà comme on opère pour donner à cette semelle la forme qu'elle doit avoir : après avoir scié avec la scie de ressort un morceau d'ivoire d'une ligne et demie d'épaisseur, et des autres dimensions propres à la semelle, on pince dans l'étau un morceau de bois sur lequel on appuie la semelle, et avec une lime on lui donne la forme creuse de la superficie de la tête de l'archet, en laissant à sa pointe une petite élévation qui remontera sur le devant de la tête; essayez d'ajuster cette semelle sur l'archet, et limez jusqu'à ce qu'elle s'ajuste parfaitement; collez-la alors à la tête de l'archet, et serrez-la au moyen d'une ficelle, puis laissez sécher.

Ici, comme je l'ai fait à la partie du violon,

j'invite les personnes qui voudraient travailler en amateurs, à avoir toujours sous les yeux un archet bien fait pour modèle, car les meilleures explications peuvent quelquefois paraître insuffisantes.

Nous avons laissé la baguette de l'archet ayant une forme carrée. Il s'agit en ce moment de se déterminer à lui donner une forme octogone ou ronde. Dans les deux cas, il faut que le bas, c'est-à-dire la partie qui porte la hausse, soit à huit pans ou octogone. Si maintenant vous voulez que la baguette soit entièrement d'un bout à l'autre à huit pans, il faut avec le petit rabot en fer rabattre bien également les quatre arêtes que forment les quatre faces de la baguette, en ayant soin de ne pas enlever plus de bois dans un endroit que dans l'autre, pour que les huit pans soient bien réguliers. Pour rabattre ces quatre arêtes, on prend l'archet de la main gauche par le bout de la tête, et on le pose sur l'établi, le bout de la baguette tourné vers le corps.

Il est un endroit de la baguette où les rabots ne peuvent atteindre, c'est la partie du ventre qui avoisine la tête; là on supplée au rabot par la lime.

Si vous voulez que votre baguette soit ronde, il faut de même la faire à huit pans, et ensuite, toujours avec le petit rabot, rabattre l'arête de chacun de ces huit pans : c'est le seul moyen de faire bien ronde une baguette.

J'ai omis de dire qu'avant le travail que je viens de décrire, pour mettre la baguette à huit pans, ou pour la faire ronde, il fallait creuser dans la tête la mortaise destinée à loger la mèche des crins.

On prend donc un foret qui ait la grosseur proportionnée à la largeur que l'on veut donner à la mortaise, et l'on fait, à l'endroit convenable, dans la tête de l'archet, un trou qui ait trois lignes de profondeur; ensuite, maintenant ferme sur l'établi la tête de l'archet avec la main gauche, on prend de la droite le ciseau dont la dimension convienne pour équarrir ce trou et lui donner la forme carrée que l'on a tracée à l'avance sur la semelle, ainsi que le représente la figure n° 60.

Le côté *b* de cette mortaise tombe perpendiculairement dans la tête de l'archet, tandis que le côté *a* doit, au fur et à mesure qu'il s'enfonce dans la tête de l'archet, devenir plus large qu'à son orifice extérieur. Cette pente sert à tenir en respect le petit morceau de bois taillé en biseau qui fixe les crins, et que l'on appelle tampon.

On s'occupe ensuite de percer la mortaise alongée dans laquelle doit aller et venir l'écrou de la hausse; on donne ordinairement huit lig. de longueur sur deux lignes et quart de largeur à cette mortaise, qui est facile à creuser, puisqu'il ne s'agit que de percer trois ou quatre trous dans son centre, pour ensuite, avec les canifs et les ciseaux, lui donner ses dimensions réelles, dimensions qui, quant à sa largeur, sont déterminées par l'emplacement qu'occupera l'écrou de la vis de la hausse.

Enfin, cette mortaise évidée convenablement, on perce le trou qui doit recevoir la vis qui gouverne l'aller et le venir de la hausse. Ce trou est peut-être l'ouvrage le plus difficile de l'archet, car il faut qu'il soit bien dans le centre de la baguette, et cela dans toute sa longueur, pour que le bouton qui emmanche la vis puisse tourner bien rondement sur le bout de sa baguette, en s'appuyant bien régulièrement sur toutes les parties du bout inférieur de la baguette, et aussi pour que l'écrou de la hausse puisse, en allant et en venant, suivre la ligne perpendiculaire de l'archet dans sa longueur. On prend donc le foret à ce destiné, et on a soin de présenter à ce foret dans une situation bien horizontale, la baguette de l'archet.

Toutes les fois que l'on voudra se servir du porte-foret, on le fixera sur le bord de l'établi au moyen du valet.

On ménage au bout de l'archet, du côté qui doit recevoir le bouton de sa vis, un petit cercle pris dans le bois même de la baguette, et qui sert à empêcher le bouton de vaciller, et le maintient toujours à fleur de la baguette. Il est inutile de donner une explication sur cette petite main-d'œuvre; à la seule inspection d'un archet, on devine qu'avec la scie de ressort on donne un trait tout à l'entour de la baguette, pour, avec un canif et une lime, former le petit cercle en question.

CHAPITRE V.

De la hausse. Manière de la confectionner.

La hausse est sans contredit la pièce la plus difficile à faire dans l'archet; tels soins, telles peines que vous vous soyez données pour bien confectionner la baguette, si la hausse n'est pas établie de la manière convenable, l'archet ne sera que mauvais. L'essentiel dans la hausse est que sa coulisse soit entaillée de manière à ce qu'elle permette à l'emboîtement qui reçoit les crins de se trouver parfaitement en ligne droite avec la tête de l'archet.

On dresse donc à la varlope un morceau d'ébène de huit à dix pouces de longueur, en lui donnant pour épaisseur celle du bas de l'archet, et pour largeur la hauteur de la hausse quand elle sera montée sur l'archet.

On se fabrique alors un modèle de hausse en prenant celle de l'archet que vous copiez, et en opérant comme pour tous les modèles que nous avons déjà décrits.

Ce modèle confectionné, vous le posez sur un des côtés plats de votre morceau d'ébène, et vous tracez comme à l'ordinaire le nombre de hausses que peut fournir le morceau.

Ce tracé fini, vous séparez par un trait de scie chacun des morceaux destinés à faire une hausse; alors vous commencez par enlever à la scie le bois inutile qui, une fois ôté, formera le petit creux qui se trouve à l'avant de ladite hausse; avec un canif vous arrondissez ce creux de manière à lui donner la tournure gracieuse qu'il doit avoir, et vous évidez les deux côtés de la hausse, qui se nomment les joues.

Vous percez ensuite le trou qui doit former la mortaise qui retiendra les crins, en procédant comme pour la mortaise de la tête de l'archet.

Si vous voulez que le talon de la hausse soit arrondi, vous sciez l'angle qui se trouve à cet endroit, et vous l'arrondissez ensuite à la lime.

On appelle talon la partie de la hausse qui, prenant de derrière les crins, va rejoindre la baguette.

Toutes ces opérations préliminaires doivent être faites de manière à ce que toutes les surfaces du dessus et du dessous de la hausse restent parfaitement plates et d'équerre.

Vous tracez alors, sur la partie de la hausse qui doit porter les crins, l'emboîtement à coulisse qui doit renfermer les crins; et être recouvert d'une feuille de nacre fermée par la bague. C'est ainsi que se nomme le morceau d'argent demi-ovale qui est ajusté sur le bout du devant de la hausse.

Appuyant alors la hausse contre l'établi, en la tenant dans la main gauche, si vous n'aimez mieux la pincer dans la mâchoire de l'étau, en la préservant d'être foulée par deux morceaux de bois tendre, que vous mettez entr'elle et chaque mâchoire, vous prenez ceux des ciseaux qui vous paraissent le mieux convenir, et petit-à-petit, en suivant les deux traits de l'emboîtement, vous enlevez le bois pour creuser l'emplacement qu'occuperont les crins, comme dans la figure n° 61, à la lettre *b*; vous formez ensuite les deux petits angles *a a* de la même figure, dans toute la longueur de l'emboîtement jusqu'à la mortaise, et vous placez la feuille d'argent qui garnit le talon de la hausse, en commençant par tracer la place qu'elle doit occuper, pour ensuite enlever de la hausse autant de bois que cette feuille a d'épaisseur. Cette feuille une fois fixée à sa place et parfaitement ajustée, vous la fixez avec deux petits clous d'argent que vous tirez d'un fil de même métal, et vous en rivez les têtes avec le marteau.

Les deux petits angles *a a* de la figure n° 61 sont destinés à recevoir ce qu'on appelle le recouvrement.

Le recouvrement est une petite feuille d'ébène sur laquelle on a collé une plaque de nacre de perle. Ces deux pièces, qui n'en forment plus qu'une, entrent à coulisse dans les deux angles aa, et cachent les crins partout où ils s'appuient sur la hausse.

Ce recouvrement se trouve fixé au bout de la hausse qui regarde la tête de l'archet, par une bague d'argent qui a la forme de la figure n° 62; on fait au-dessus du bout de la hausse une entaille qui, étant proportionnée à l'épaisseur de l'argent, lui permet de se trouver à fleur de l'ébène.

Tout ce travail terminé, on s'occupe de la coulisse, qui doit être à cheval sur le bas de la baguette, en cacher la mortaise et s'adapter aux trois pans du ventre de la baguette, avec une précision telle que la hausse ne puisse en aucune manière vaciller.

Pour arriver à ce but, il faut encore pincer, comme précédemment, la hausse dans l'étau, et avec les petits ciseaux, donner à la coulisse la forme qu'a la figure n° 61, à la lettre x. Pour réussir dans ce travail, il faut le faire petit-à-petit, et souvent essayer sur la baguette de l'archet si la coulisse s'y adapte parfaitement. Il faut aussi avoir bien soin de ne pas toucher aux deux angles que forment les joues de la hausse avec la coulisse; car s'il en était ainsi, la hausse n'ayant plus la hauteur voulue, les crins ne manqueraient pas de venir s'appuyer sur la baguette, c'est-à-dire qu'on ne pourrait se servir de l'archet.

Le travail jusqu'à présent décrit étant arrivé

à ce point, il faut s'occuper de faire la vis et l'écrou qui doivent fixer, et en même temps faire mouvoir, la hausse sur la baguette.

Pour cela, on commence par limer rond un morceau d'acier qui soit de la dimension nécessaire pour occuper le trou que l'on a foré au bout de la baguette; il faut que ce morceau y entre sans être gêné; alors on le taraude avec celui des pas de vis de la filière qui lui convient, et on lui donne en définitif la forme de la figure n° 63.

Prenant ensuite un morceau de laiton, on l'aplatit par un bout avec le marteau, et on lime ce bout, de manière à ce qu'ayant la forme de la figure n° 64, il puisse entrer dans la mortaise de la baguette de l'archet, et y glisser sans être ni trop, ni trop peu gêné; on fore juste dans son centre un trou, et prenant le taraud qui se rapporte au trou de la filière qui a fait le pas de vis du morceau d'acier dont on a parlé tout-à-l'heure, on taraude le laiton en le fixant dans l'étau, et en fixant le taraud dans l'étau à main. Chacun sait que pour tarauder un pas de vis il faut avoir soin de graisser, soit la filière, soit le taraud, avec une goutte d'huile.

Votre écrou taraudé, taraudez également le bout du laiton qui doit entrer dans la hausse; percez un trou dans la hausse, de manière à ce que le pas de vis y entre un peu à force, pas trop cependant, car vous pourriez faire fendre la hausse, et fixez votre laiton dans cette dernière pièce, le remontant ou le descendant au moyen de sa vis, de manière à ce que le trou de l'écrou se trouvant juste vis-à-vis la ligne que forme le trou percé dans la baguette, le pas de vis d'acier puisse en y entrant faire appuyer la hausse sur l'archet, sans lui permettre de vaciller.

Maintenant on fixe le morceau à vis qui est carré sur la partie postérieure dans le bouton.

Ici nous ferons remarquer que le fabricant d'archets, comme le luthier, a besoin de la main du tourneur pour la confection de ce bouton; de plus il a aussi besoin de l'orfèvre pour la bague et le talon de la hausse et les deux viroles qui garnissent les deux extrémités du bouton.

Je sais bien que le luthier et le fabricant d'archets pourraient se pourvoir d'un tour et des outils nécessaires à l'orfèvre pour fabriquer ce qui regarde la partie du tourneur et de l'orfèvre; mais on conviendra que ce serait se donner beaucoup d'embarras et dépenser beaucoup d'argent pour des choses qui sont si peu par elles-mêmes, qu'il ne vaut pas la peine d'en parler.

Voici maintenant comment se façonne le bouton : on donne au tourneur les deux viroles que l'on a fait faire par l'orfèvre, en les lui commandant d'un diamètre un peu plus fort que n'est l'épaisseur du bout de la baguette. Le tourneur monte ces deux viroles sur le bouton, et perce dans son contre le trou qui doit recevoir la vis de l'archet; alors le fabricant d'archets fait entrer à force le bout carré de la vis dans le trou du bouton, en ayant bien soin que cette vis ne se jette pas de côté.

Cela fait, il monte la hausse sur l'archet, et fait venir, au moyen de la vis, jusqu'au bord de la mortaise, l'écrou de la hausse. De cette manière le bouton se trouve fixé contre le bout de la baguette; alors, avec une lime, on forme sur le bouton les huit pans qui existent sur la baguette.

Le tourneur a ménagé sur la tête du bouton un petit rond, dans lequel doit s'adapter un grain de nacre de perle. Rien n'est plus facile que de garnir ce rond en limant un petit morceau de nacre, que l'on y ajuste en le mettant un peu plus épais qu'il ne le faut, pour ensuite le coller, et après que la colle est sèche, le limer encore pour le mettre à fleur de la virole.

CHAPITRE VI.

Comment on finit chaque pièce de l'archet. Manière de polir et vernisser ces différentes pièces.

Quand tout ce que nous avons expliqué dans les précédens chapitres est terminé, on démonte la hausse de l'archet, et on s'occupe de plier la baguette pour la faire pencher en arrière, un peu plus que les différentes mains-d'œuvre qu'elle a reçues ne l'y ont naturellement mise.

Pour cela, on commence par regarder, en tenant près de l'œil le bout de la baguette qui porte le bouton, si l'archet est bien droit. S'il se jette un bouton d'un côté ou de l'autre, on le redresse au moyen du feu.

Pour faire cette opération, qui est délicate, car en s'y prenant mal on aurait bientôt cassé une baguette, on allume des charbons dans une braisière, et quand ils commencent à être embrasés, on chauffe la baguette à la place où on a remarqué qu'elle n'était pas droite ; alors on la plie, en la tenant dans les deux mains, jusqu'à ce qu'elle soit parfaitement droite.

Le secret de cette opération consiste à ne

chauffer la baguette que petit-à-petit, jusqu'à ce que, devenue parfaitement chaude, elle se prête à vos désirs; prenez garde qu'elle ne vienne à fumer, car alors elle serait brûlée.

Quand donc la baguette vous paraît bien parfaitement droite en la regardant comme je l'ai expliqué tout-à-l'heure, il faut poser la hausse à sa place, et examiner si en mettant l'œil sur cette hausse, et regardant en même temps la semelle de la tête de l'archet, le ventre de la baguette est assez courbé pour venir se placer sur la ligne qui de la hausse va, par l'œil, à la tête; s'il n'en est pas ainsi, courbez un peu davantage le ventre de la baguette; enfin, prenez la tête de la baguette dans la main gauche, et l'autre bout dans la main droite; et forçant le ventre de l'archet à se redresser du côté du dos de la baguette, remarquez s'il n'existe pas quelques endroits qui ne soient pas courbés d'une manière analogue aux autres, et les faisant chauffer, courbez-les encore.

Arrivés là, nous allons maintenant, avec les racloirs et le papier de verre, polir la baguette dans toutes ses parties, et enfin la vernisser avec le vernis qui lui est particulier. (Voyez le chapitre 17 de la première Partie.)

Quant à la hausse, voilà comme on s'y prend pour la polir dans les endroits où la main ne peut parvenir : on la fixe au moyen de la vis sur la baguette, et posant le haut de l'archet sur l'épaule, et le bouton sur un bout de l'établi, on prend un petit chiffon de toile, imprégné d'huile et de pierre ponce pilée et tamisée, et on promène, en tirant avec les deux mains, ce chiffon dans toute sa longueur, dans le petit creux qui se trouve sous la bague de la hausse.

CHAPITRE VII.

Manière de fixer les crins à l'archet, et de l'amener enfin au point de s'en servir.

L'ARCHET arrivé à ce point de confection, il faut, pour le garnir de crins, commencer par faire deux petites pièces dont nous n'avons pas encore parlé, les tampons.

La figure n° 63 représente un tampon, qui est un petit morceau de bois, dont la partie *cc* est taillée en biseau, pour pouvoir, en entrant dans la mortaise avec un peu de force, serrer les crins et les empêcher de s'échapper.

On fait ces tampons en bois de plane ou de hêtre, en s'y prenant de la manière suivante : avec un canif on dispose une planchette de deux lignes d'épaisseur, de sorte que, le biseau établi, elle bouche parfaitement le côté le plus large de l'ouverture de la mortaise; pressant alors avec le pouce ce morceau sur la partie opposée de ladite mortaise, il en résulte une petite marque qui indique que c'est là la longueur du tampon, et on le coupe d'équerre de ce côté.

Avant d'aller plus loin, nous dirons quel choix il y a à faire dans les crins.

Les crins les plus fins et les plus ronds sont les meilleurs. Ceux qui sont plats, grossiers ou raboteux, ne valent rien. Il faut, avant de les employer, les laver avec du savon et de l'eau, dans laquelle on a fait dissoudre un peu de sel de cuisine, et les passer ensuite à l'eau claire pour enlever le savon qui ne s'accommoderait pas avec la colophane.

Prenant donc une quantité suffisante de crins, vous les liez fortement par le bout qui touchait à la queue du cheval, et trempant ce bout dans de la colophane pilée, vous le présentez à la chandelle pour faire fondre la colophane, et par là les lier entre eux; enfonçant alors ce bout dans la tête de l'archet, vous posez par-dessus le tampon, en renversant la mèche par-dessus la tête de l'archet; faites entrer le tampon en le pressant avec le manche du premier outil qui vous tombe sous la main, et en posant le derrière de la tête de l'archet sur l'établi.

Mouillez les crins dans de l'eau claire, et pincez la baguette dans l'étau, à six pouces environ de la tête; entortillez auparavant la baguette avec un chiffon, pour ne pas la fouler dans l'étau où elle doit être placée, la mortaise de la tête en l'air; alors, avec un peigne qui ne serve qu'à cet usage, égalez vos crins; et posant la hausse sur la mortaise, et dans sa position la plus rapprochée de la tête de l'archet, mesurez la longueur que doivent avoir vos crins, et liez-les à deux lignes plus loin que le bord large de la mortaise de la hausse; brûlez-les comme vous avez fait pour l'autre bout. Passez alors les crins dans la bague et fixez-les à la hausse au moyen du tampon. Mettez la vis, tendez un peu les crins, glissez la nacre dans la coulisse et la bague sur la nacre, et tout est terminé.

Si, en tendant les crins, la baguette vient à se jeter un peu de côté, dévissez la hausse et chauffez comme précédemment pour redresser.

Mettez enfin la soie à la poignée.

Quand les crins sont secs, écrasez avec une palette de bois, sur un coin propre de l'établi, de la colophane, et frottez légèrement les crins sur la colophane en appuyant sur eux avec la palette.

QUATRIÈME PARTIE.

FABRICATION DES CORDES HARMONIQUES.

CHAPITRE PREMIER.

Introduction.

Avant de décrire la fabrication des *cordes harmoniques* ou *cordes d'instruments,* il nous paraît utile d'énumérer sommairement les conditions qu'elles doivent offrir pour mériter la qualification de bonnes.

Abstraction faite de la qualité, le son d'une corde, dans l'échelle musicale, dépend, pour une tension donnée, de sa masse, ou, si l'on veut, de son poids, et, pour un poids donné, de la tension à laquelle on la soumet. Quant à sa qualité, elle dépend invariablement des rapports qui existent entre la masse et la tension. On comprend, en outre, que la résistance à la tension croissant avec la masse, on peut déduire, de cette résistance même, les qualités particulières d'une corde.

Les données suivantes résultent de nombreuses expériences faites par M. Ph. Savaresse, un des industriels qui ont le plus contribué, dans notre pays, aux progrès de la fabrication des cordes harmoniques.

La chanterelle, mise au ton de l'opéra, doit avoir une tension de 7 kil.50, et elle ne doit rompre que sous celle de 12 à 13 kilogrammes. Plus résistante, elle perd en qualité, manque de moelleux et devient criarde. Plus faible, elle casse au bout de quelque temps, même sans être jouée, mais beaucoup plus tôt si on la joue.

Les matières qui entrent dans une bonne seconde doivent être moins résistantes que celles de la chanterelle, dont cette corde a cependant le double de volume. Elles doivent avoir une tension normale de 8 kilogrammes, c'est-à-dire supérieure de 500 grammes à celle de la chanterelle, et elles doivent rompre sous une tension de 15 kilogrammes. La seconde est donc moins dense que la chanterelle.

La tension de la troisième doit être la même que celle de la chanterelle, dont elle a le triple de masse. Elle ne doit rompre que sous une tension de 40 à 45 kilogrammes.

La quatrième, qui est un peu plus fine que la seconde, a une tension normale de 7 kil.25, et doit rompre à 14 kilogrammes. On augmente sa masse en enroulant en spirale autour d'elle une cannetille ou fil de laiton blanchi.

Dans les grands instruments, tels que la basse, la quatrième présente aux doigts de l'exécutant une raideur qui gêne beaucoup leur jeu. D'après l'avis de Félix Savart, quelques quatrièmes de basse, beaucoup plus fines qu'à l'ordinaire, ont été filées avec une cannetille de platine qui, en leur donnant la même masse, les douait d'une plus grande souplesse. Le résultat a été très-remarquable, mais le prix nécessairement élevé des cordes ainsi fabriquées n'a pas permis d'en faire adopter l'usage.

Deux qualités principales sont nécessaires à toutes les cordes, plus particulièrement aux chanterelles.

La première qualité est une parfaite cylindricité d'une extrémité à l'autre. La corde qui ne la posséderait pas, c'est-à-dire qui irait en diminuant du sillet au chevalet et réciproquement, donnerait des quintes fausses.

On comprend que, lorsqu'un même doigt touche deux cordes qui, à vide, donnent la quinte juste, et les raccourcit de la même quantité, il est indispensable, pour que les deux sons restent à la quinte l'un de l'autre, que la masse de chaque corde soit diminuée d'une quantité proportionnelle, ce qui ne peut avoir lieu si l'une des cordes n'est pas cylindrique.

Il est évident, en effet, que si le doigt sépare

une pareille corde en deux parties égales, la moitié attaquée par l'archet donnera un son plus grave que l'octave, si le gros bout de la corde est du côté du chevalet, et un son plus aigu si le même bout est du côté opposé. On comprend, en outre, que cette différence se fera sentir proportionnellement pour toutes les divisions de la corde, laquelle ne pourra jamais se trouver en accord de quinte avec sa voisine, excepté dans les sons à vide.

Quand un musicien a, sur un violon, une pareille chanterelle, il peut y remédier, jusqu'à un certain point, en mouillant avec deux doigts la moitié ou les deux tiers de la corde vers le bout le plus mince. Cette opération, en faisant renfler la portion la plus mince, ramène à peu près l'équilibre au moins pendant la durée d'un morceau de musique.

La seconde qualité résulte de l'égalité de la masse. La corde qui ne la possède pas, c'est-à-dire qui, en divers points de sa longueur, a une masse plus ou moins inégale, donne nécessairement des sons faux. On comprend, en effet, qu'une corde, étant raccourcie de longueurs proportionnelles aux sons à produire, ne pourra fournir que des sons faux, si les quantités de molécules dont on arrête les vibrations ne sont pas elles-mêmes proportionnelles à ces mêmes sons.

La justesse des sons, fait remarquer avec raison M. Boquillon, dépend encore, outre l'homogénéité de la matière dont se compose une corde, du nombre de tours de torsion qu'on a donnés à cette matière. Une plus grande torsion ajoute à la flexibilité de la corde, condition paradoxale en apparence, mais dont il est facile de se rendre compte en comparant la rigidité d'un fil de métal droit avec celle d'une hélice formée avec ce même fil.

CHAPITRE II.

Matières premières des cordes harmoniques.

Les cordes harmoniques se font avec les boyaux ou intestins grêles du mouton. Les animaux qui fournissent les meilleures sont ceux qu'on élève dans les pâturages secs et en pays de montagnes. Les moutons de petite race qu'on trouve dans le Berry et dans plusieurs parties de l'Allemagne en donnent aussi d'excellente qualité.

On sait que, par intestin grêle, on entend le duodénum, le jéjunum et l'ilion. Toutefois, ces trois intestins n'en forment réellement qu'un, dont la grosseur n'est pas uniforme d'un bout à l'autre, la plus grande se trouvant du côté du duodénum et la plus petite du côté de l'ilion.

On sait aussi que chacun de ces intestins ou plutôt chacune de ces parties d'un intestin unique se compose de trois membranes distinctes, savoir :

1° La membrane externe ou péritonéale, qu'en terme d'atelier on appelle *filandre*;

2° La membrane interne ou muqueuse, qu'on nomme *chair* ou *râclure*;

3° La membrane musculeuse, musculaire ou fibreuse, qui est placée entre les deux autres.

De ces trois membranes, les deux premières sont destinées à être enlevées. C'est donc la troisième, ou la médiane, qui sert à fabriquer les cordes ; elle est d'ailleurs la seule qui soit formée de fibres ayant une ténacité convenable.

CHAPITRE III.

Fabrication des cordes harmoniques.

Les fabricants achètent les boyaux aux bouchers, mais ils se chargent de les extraire eux-mêmes des moutons ou de les faire extraire par des ouvriers spéciaux. Sans cette précaution, ils s'exposeraient à les recevoir dans un état d'altération qui pourrait les rendre impropres à l'usage qu'ils veulent en faire.

1° *Vidage.*

Le *vidage* est la première opération que subissent les boyaux. Pour l'opérer, des ouvriers du fabricant se rendent à l'abattoir, ouvrent les moutons qui viennent d'être tués, détachent les boyaux, puis, étendant aussitôt ces derniers sur une table ou planche inclinée, les râclent avec une lame de couteau, afin d'en faire sortir les matières fécales et de les débarrasser du sang, de la bile et de la graisse. Ce nettoyage doit être fait très-rapidement et pendant que les boyaux sont tout chauds, car, si on leur donnait le temps de se refroidir, les matières fécales ne manqueraient pas de communiquer une coloration indélébile aux parties qu'elles auraient touchées, et y détermineraient, en outre, une altération qui en détruirait ou du moins en diminuerait beaucoup la ténacité.

Une fois vidés, les boyaux sont mis en liasses ou écheveaux, et placés dans des vases pour être apportés à la fabrique.

2° *Premier trempage.*

Immédiatement après leur arrivée à la fabrique, les boyaux sont divisés en paquets de dix, puis mis à tremper dans de l'eau froide, où on les laisse pendant douze à quinze heures.

Cette immersion ou *trempage* peut se faire dans une rivière courante ou dans un cuvier rempli d'eau de puits; seulement, dans ce dernier cas, si l'eau est tant soit peu dure, il est nécessaire d'en corriger la crudité en y jetant 2 grammes environ de carbonate de soude par litre.

Au sortir de l'eau froide, on tient les boyaux, pendant quatre à cinq heures, dans un courant d'eau tiède, dont on maintient la température à 25 degrés environ, après quoi on procède au *ratissage* ou *râclage*.

3° *Ratissage.*

L'action de l'eau, dans le trempage qui vient

d'être décrit, a déterminé une légère fermentation destinée à détruire l'adhérence des diverses membranes.

Le *ratissage*, ou *râclage*, a pour objet de séparer la membrane externe et la membrane interne de la membrane musculaire. Il est fait ordinairement par des ouvrières divisées en deux groupes. Les ouvrières du premier groupe étendent les boyaux un à un sur une planche de bois légèrement inclinée, puis, les saisissant de la main gauche, les râclent d'un bout à l'autre, du côté de la membrane externe ou filandre, avec un roseau fendu en deux et taillé en biseau dont leur main droite est armée (1). Les ouvrières du second groupe exécutent la même opération et de la même manière du côté de la membrane interne ou râclure.

Les fragments détachés par le roseau sont reçus dans des baquets.

Les râclures ou fragments de la membrane interne ne peuvent servir que pour faire des engrais.

Quant aux filandres, on les soumet plus tard à un traitement approprié qui permet de les utiliser pour la fabrication des raquettes, des cravaches et des fouets. Ce traitement, qui est fort simple, consiste à les mettre au soufroir, où elles blan-

(1) On se sert pour cet usage de l'*arundo donax*, appelé vulgairement *canne de Provence*, *grand roseau*, *roseau à quenouilles*, *roseau des jardins*.

chissent et se dessèchent en partie, après quoi on les file et on les frotte avec des brosses de chiendent.

4° *Deuxième trempage.*

Après le ratissage, les boyaux sont réduits au vingtième de leur volume primitif, car ils ne se composent plus que de la membrane musculaire, et c'est sur elle que va désormais se concentrer toute l'attention du fabricant.

On les met par groupes de dix environ dans des terrines de grès, et l'on verse dessus un peu plus de deux litres d'une lessive de potasse qui marque 2° au pèse-sel spécial (1). Au bout de trois à quatre heures d'immersion, on les fait passer un à un entre l'index de la main gauche, garni d'un anneau ou d'un doigt de caoutchouc, et le pouce de la même main, armé d'un dé ouvert en cuivre. Ils subissent ainsi une espèce de râclage très-doux au moyen duquel sont enlevés les menus fragments de membrane externe et de membrane interne qui ont pu échapper au ratissage. En exécutant cette opération, que l'on répète généralement trois fois, de deux heures en deux heures et dans la même journée, l'ouvrier a sur sa gau-

---

(1) Ce pèse-sel est construit de la même manière que l'aréomètre de Baumé. Seulement, chacun des degrés de ce dernier y est divisé en dix. Quant à la dissolution alcaline, on la prépare ordinairement avec un mélange en parties égales d'excellente potasse et de cendres gravelées.

che la terrine où sont les boyaux, et, à mesure qu'il les travaille, il les met dans une terrine semblable, qui est placée à sa droite et qui, de même que la première, contient de l'eau de potasse. On procède ensuite à un quatrième passage au dé, mais à sec, c'est-à-dire sans qu'il y ait de lessive alcaline dans la terrine de droite. Enfin, on termine par un passage à l'eau pour lequel on se sert d'une eau de potasse marquant 3°. Le lendemain et les jours suivants, on procède à de nouveaux passages au dé, tantôt à sec, tantôt à l'eau, matin et soir, en ayant soin, à chaque passage à l'eau, d'augmenter d'un degré la force de la liqueur alcaline, et l'on continue ainsi jusqu'à ce que cette liqueur marque 16° au pèse-sel, ce qui correspond à un peu moins d'un degré et demi de l'aréomètre de Baumé. Les boyaux sont alors suffisamment nettoyés et bons à être filés en cordes; mais, auparavant, il faut les trier et quelquefois les refendre.

5° *Triage.*

Le *triage* exige une grande habileté. Aussi, ne le confie-t-on ordinairement qu'à des ouvriers parfaitement au courant des besoins de la fabrication. Il s'agit, en effet, de classer les boyaux suivant leur blancheur, leur longueur et leur ténacité, afin que chacun ne puisse être affecté qu'au genre de cordes auquel il est le plus propre.

On en fait au moins deux lots, dont l'un est composé de boyaux fins que l'on juge pouvoir être transformés en chanterelles à trois fils, tandis que l'autre renferme ceux qui ne sont bons qu'à faire de grosses cordes, et, dans chaque lot, on met à part les boyaux qui ont la même grosseur et ceux qui sont plus ou moins colorés.

6° Refendage.

Comme les boyaux, ainsi que nous l'avons vu, n'ont pas un diamètre uniforme, et que cette circonstance rend peu aisée la préparation de cordes régulièrement cylindriques, on tourne souvent la difficulté en les fendant, c'est-à-dire en les divisant, dans toute leur longueur, avec un couteau spécial, dit à *soutil*, en deux ou plusieurs brins qu'on appelle *soutiles*, du mot italien *sottile*, qui signifie mince, délié, fin. A mesure que les brins sont obtenus, on les met dans une terrine en ayant bien soin que les bouts se trouvent en sens inverse, c'est-à-dire les bouts inférieurs d'un côté et les bouts supérieurs de l'autre.

On reconnaît d'une manière fort simple si une corde a été fabriquée avec des boyaux entiers ou avec des soutiles. Il suffit pour cela d'en faire tremper un fragment dans une solution d'acide tartrique ou d'acide sulfureux. Au bout d'une courte immersion, les éléments de la corde se séparent, et, s'ils sont formés de boyaux entiers, ils ont l'aspect de petits cylindres, ce qui n'a pas lieu s'ils sont composés de boyaux refendus.

7º *Filage.*

Le *filage* s'exécute à l'aide de métiers qui portent environ trois longueurs de violon, et l'on fait ordinairement trois cordes à la fois, ce qui oblige de se servir d'un rouet à deux crochets. Ces métiers sont de simples cadres ou châssis, dont un des côtés porte plusieurs chevilles de bois à demeure, tandis que le côté opposé est percé de trous destinés à recevoir d'autres chevilles de même matière, mais mobiles.

Le filage se fait en plusieurs fois, lesquelles sont séparées par diverses manipulations, mais il s'effectue toujours de la même manière.

On commence par choisir deux, trois ou un plus grand nombre de boyaux tout humides, suivant la corde que l'on veut fabriquer, et on les assemble de façon que le gros bout de l'un soit avec le petit bout d'un autre. Ces préparatifs terminés, on attache les boyaux, par une extrémité, à une petite cheville, que l'on place sur l'un des crochets du rouet, puis on les passe autour d'une des chevilles fixes du métier, après quoi, on les coupe à la longueur convenable, et l'on fixe l'extrémité libre à une petite cheville, pareille à la précédente, que l'on met sur le deuxième crochet. Il ne reste plus alors qu'à mettre le rouet en mouvement, et, pendant qu'il tourne, on promène les doigts sur la corde depuis la cheville du métier jusqu'aux molettes, afin d'empêcher qu'il s'y forme des inégalités.

En général, on ne fait exécuter au rouet qu'un petit nombre de tours, et cela suffit, grâce à la disposition de son mécanisme, pour que les boyaux éprouvent une torsion de plusieurs centaines de tours.

Le filage de la corde étant achevé, on enlève les petites chevilles des crochets, on les introduit dans les deux trous du métier qui sont vis-à-vis de la cheville fixe autour de laquelle passe la corde, et l'on répète, avec un nouveau faisceau de boyaux, la même série d'opérations que nous venons de décrire. On continue ainsi jusqu'à ce que le métier se trouve entièrement garni.

8° *Soufrage.*

Le *soufrage* succède à cette première partie du filage. Il a pour objet de blanchir les cordes, et se fait dans une chambre spéciale dite *soufroir*. C'est ordinairement le soir qu'on l'opère. Après avoir placé dans le soufroir les métiers qui ont été garnis dans la journée, on allume, au centre de la pièce, un vase contenant de la fleur de soufre, puis on se retire en ayant soin de boucher hermétiquement avec de la terre glaise les ouvertures de la porte. En brûlant, le soufre donne lieu à un dégagement d'acide sulfureux, substance qui, nul ne l'ignore, possède la propriété de blanchir les matières animales et végétales. Il ne faut pas oublier que la quantité de soufre qu'on emploie est sans influence sur le succès de l'opération. Comme il ne peut s'en brûler qu'en proportion du volume d'air contenu dans le soufroir, il en résulte que, si l'on en met trop, la partie en excès se liquéfie au lieu de produire du gaz sulfureux, ce qui constitue une perte véritable. On sait, par expérience, que 25 grammes suffisent généralement pour une chambre cubique de 2 mètres de côté.

Les métiers passent la nuit au soufroir. On les retire le lendemain matin, puis on les place sur des tréteaux ou sur une espèce de caisse inclinée, nommée *rafraîchi*, où on les abandonne, en plein air, mais non à la pluie, jusqu'à ce que les cordes soient séchées à demi. On mouille alors celles-ci avec des éponges, puis, les mettant de nouveau en rapport avec les crochets de la roue à filer, on les tord une seconde fois en leur donnant une assez forte torsion et on les rentre au soufroir.

Le soufrage dure ordinairement deux jours pour les cordes fines et jusqu'à huit jours pour les grosses cordes.

9° *Etrichage.*

Le travail qui vient après le soufrage est l'*étri-*

chage. Il est destiné à nettoyer et dégraisser les cordes le plus complétement possible, à l'aide d'un polissage énergique qui enlève à la fois toutes les aspérités et tous les filaments isolés dont l'agglutination n'est pas parfaite.

Pour opérer, les cordes étant toujours tendues sur le métier, on les entoure une à une de plusieurs tours d'une corde de crin, et on les groupe de manière à en former des masses ou faisceaux qui en contiennent chacune de dix à quinze. Ces préliminaires terminés, un ouvrier prend une de ces masses dans chaque main, et, après les avoir mouillées avec une éponge trempée dans une eau de potasse, il les frotte fortement en promenant les cordes de crin d'un bout à l'autre et une cinquantaine de fois : dans l'intervalle, il a soin de mouiller à deux ou trois reprises avec la même liqueur alcaline. Ce frottage manuel étant très-pénible, on l'effectue aujourd'hui, dans tous les établissements de quelque importance, au moyen d'un appareil spécial. A l'usine de M. Henry Savaresse, à Paris, cet appareil consiste en un chariot sur lequel on pose le métier, et en deux mâchoires munies intérieurement de coussinets en crin. Quand la machine fonctionne, les mâchoires sont placées, l'une en dessus des cordes, l'autre en dessous, et réunies par des écrous, et elles polissent ces dernières, grâce à un mouvement de va-et-vient que leur communique le moteur de la fabrique.

Après l'étrichage, les cordes de boyau sont débarrassées des cordes de crin, puis essuyées avec une éponge pour les débarrasser des saletés que la lessive potassique y a laissées. On les mouille ensuite avec de l'eau pure, après quoi on les remet au soufroir, où on les tient au moins toute la nuit. Le lendemain, on leur donne un nouveau retordage et on les fait sécher.

10° *Polissage.*

Le *polissage* succède au séchage, mais on le supprime ordinairement pour les chanterelles.

Les métiers étant préalablement posés horizontalement sur des tréteaux ou sur le rafraîchi, on place les cordes, une à une, avec un peu d'huile d'olive et de verre finement pilé ou de pierreponce en poudre, dans des coussinets de caoutchouc ou dans les plis d'une bande d'étoffe, et l'on frotte d'un bout à l'autre jusqu'à ce qu'elles soient parfaitement unies. Ici encore, dans les grands établissements, on remplace la main de l'ouvrier par des appareils disposés comme ceux qu'on emploie pour l'étrichage.

11° *Apprêtage.*

Après le polissage, on essuie bien les cordes, puis on les enduit légèrement d'huile d'olive de première qualité. Plusieurs fabricants regardent cette dernière opération comme nuisible, à cause de la facilité avec laquelle l'huile rancit, mais on peut remédier à cet inconvénient en ajoutant au corps gras un centième de son poids d'huile de laurier.

Quand le passage en huile est effectué, on porte les cordes à l'étuve pour les faire parfaitement sécher. On reconnaît qu'elles sont assez sèches quand, lâchant une des chevilles, elles ne reviennent pas sur elles-mêmes.

Après le séchage, on coupe les cordes près des chevilles. Il ne reste plus alors qu'à les rouler en cercles au moyen d'un moule cylindrique, à les attacher une à une, et enfin à les réunir de manière à en former des paquets de 30 si elles sont fines, ou des demi-paquets de 15 si elles sont grosses.

Nous ne terminerons pas ce chapitre sans dire quelques mots sur le nombre de boyaux qu'on emploie pour la fabrication des diverses sortes de cordes. Ce nombre varie non-seulement suivant les cordes, mais encore suivant les fabricants. Nous donnerons comme exemple celui qui est généralement adopté par M. H. Savaresse.

Les chanterelles se composent de 4, 5 ou 6 fils selon la grosseur du boyau, et chaque fil est formé d'une moitié de boyau divisé dans sa longueur.

Les *mi* de violon ont de 3 à 4 fils pleins, mais

très-fins. Les *la* en ont le même nombre, mais plus forts. Quant aux *ré*, ils en ont de 6 à 7 pleins.

Pour les cordes de guitare, on emploie des fils plus fins que pour celles de violon.

Les cordes de violoncelle ont jusqu'à 10 fils pleins, et celles de harpe jusqu'à 22, également pleins.

Les cordes de basse ont 6 fils pour la chanterelle et 10 pour le *ré*.

Enfin, les cordes de contre-basse ont 40 fils pour la chanterelle et jusqu'à 85 pour le *ré*.

CHAPITRE IV.

Signes extérieurs de la bonté des cordes.

A quels signes peut-on reconnaître à la vue si une corde harmonique est bonne ou mauvaise ?

« Les chanterelles, dit M. Ph. Savaresse, doivent être transparentes, parfaitement unies et assez régulières de grosseur. Elles ne doivent pas être trop blanches, car cela prouverait qu'elles ont été faites avec des agneaux trop jeunes, et lorsqu'on serre un paquet de chanterelles sous la main, elles doivent paraître élastiques et revenir promptement comme le ferait un ressort d'acier. Il est possible de donner de la roideur aux cordes en employant dans leur fabrication des sels à base d'alumine, mais ces cordes se cassent lorsqu'on presse le paquet, elles ne sont pas moelleuses et ne reviennent pas facilement dans la même position cylindrique qu'elles avaient. En outre, elles changent de couleur quand on les comprime. C'est donc toujours un signe de bonne qualité lorsque les cordes ne changent pas de couleur et qu'elles reprennent tout de suite la forme cylindrique.

« Les grosses cordes, deuxième et troisième, doivent, au contraire, être transparentes et trèsblanches. Il faut, en outre, qu'elles soient très-molles quand on en comprime un paquet, mais elles ne doivent pas changer de couleur et doivent revenir promptement à leur état cylindrique : si elles présentaient trop de roideur, cela indiquerait qu'elles ont été faites avec des boyaux trop résistants, et, dans ce cas, elles auraient une mauvaise qualité de son. »

On ne doit pas perdre de vue que la bonne confection des cordes harmoniques tient beaucoup au soin et à l'habitude des ouvriers. L'expérience est, sous ce rapport, un grand maître, et c'est le meilleur secret pour bien faire. Un manque d'attention dans les diverses opérations, une eau alcaline trop forte, un mauvais tordage, peuvent et doivent donner des produits très-défectueux. Le soufrage influe aussi beaucoup sur la qualité des cordes. Il est indispensable pour les obtenir bonnes, mais il y a un point qu'il faut savoir saisir, sans quoi on n'obtient que de mauvais résultats. Si, en effet, on dépasse ce point, les cordes ont moins de ténacité, et, si on ne l'atteint pas, elles manquent de résistance. On voit, d'après ces considérations, que l'art du fabricant de cordes harmoniques attend tout ou à peu près tout de l'expérience, laquelle, comme dit Bacon, est la démonstration des démonstrations.

CHAPITRE V.

Cordes teintes, cordes de soie, cordes filées.

§ 1. *Cordes teintes.*

On sait que certaines cordes de harpe sont teintes en rouge et d'autres en bleu. On leur donne ces colorations artificielles avant le filage, et l'on réserve les boyaux les plus tachés pour la teinture en bleu.

La couleur rouge se prépare en faisant bouillir du marc de cochenille dans une dissolution de potasse marquant un degré Baumé. On filtre la liqueur, puis on y place les boyaux et l'on a soin de les agiter de temps en temps. Une précaution à ne pas oublier, c'est de faire la teinture d'autant plus légère que la grosseur des boyaux est plus grande. Les cordes rouges passent au soufroir de la même manière que les blanches. Il est même à remarquer que l'action de l'acide sulfureux contribue beaucoup à rendre leur éclat plus vif et plus brillant.

La teinture bleue s'obtient ordinairement en faisant macérer du tournesol de Hollande ou tournesol en drapeaux dans la même dissolution de potasse qu'on emploie pour la couleur rouge. On filtre la liqueur, puis on y place les boyaux en ayant soin de les remuer de temps à autre. Comme nous l'avons dit pour la teinture en rouge, il faut se servir d'une liqueur d'autant moins intense que les cordes sont plus grosses. De plus, il faut s'abstenir de passer les cordes bleues au soufroir, parce que, ainsi qu'on l'apprend en chimie, tous les acides possèdent la propriété de rougir la teinture de tournesol et, en général, les couleurs bleues végétales. C'est ce qui explique pourquoi les cordes bleues finissent habituellement par devenir rouges, surtout quand elles se trouvent dans le voisinage de cordes soufrées. Lorsque des cordes bleues ont pris une coloration rouge, il n'est pas difficile de leur rendre leur teinte primitive; il suffit pour cela de les exposer à de la vapeur d'ammoniaque.

§ 2. *Cordes de soie.*

Outre les cordes de boyau, les luthiers en emploient aussi qui sont de soie. Ces dernières ont d'abord été fournies par la Chine, mais on les fait aujourd'hui en Europe.

Les cordes chinoises étaient filées comme de la ficelle et enveloppées d'une couche de gélatine. On leur reprochait de s'allonger au montage du violon et de ne pas rester au ton. Malgré ce grave défaut, les musiciens en plein vent, surtout les ménétriers de village, en faisaient un grand usage. On en expédiait aussi beaucoup aux colonies, où l'action de la chaleur, jointe à celle de l'humidité, ramollit les cordes de boyau au point de les rendre promptement impropres à tout service.

Les cordes de soie que l'on fabrique en Europe, particulièrement à Paris, sont très-supérieures aux cordes de l'extrême Asie, non-seulement parce qu'elles sont travaillées avec plus de soin, mais encore parce qu'avant de les livrer au commerce, on les soumet à une tension très-énergique qui leur permet de monter immédiatement au ton et d'y rester très-longtemps. Elles se composent ordinairement de 140 brins, chacun formé de 12 fils de vers à soie, ce qui donne un total de 1,680 fils. Après avoir ramolli l'écheveau de brins à l'aide de la vapeur, on le tord avec un rouet spécial; puis, quand la corde est terminée, on la recouvre d'une légère couche de gomme arabique et on la polit avec un morceau de cire blanche.

§ 3. *Cordes filées.*

Il nous reste à dire quelques mots des cordes recouvertes de cannetille, et qu'on appelle généralement *cordes filées* pour les distinguer des cordes ordinaires.

Ce sont des cordes de boyau ou de soie revêtues d'un fil de cuivre argenté, quelquefois même d'argent, dont les tours sont très-serrés les uns contre les autres. Quand leur intérieur est en boyau, on ne les soumet pas au soufrage, comme aussi on ne les huile pas. Dans les fabriques peu importantes, on les revêt de leur armure métallique à l'aide d'un rouet semblable à celui dont les passementiers font un continuel usage. A cet effet, la corde est fixée par un bout au crochet du rouet, tandis que l'extrémité opposée est attachée à un émerillon tournant : elle est tendue par un poids suspendu à une ficelle qui, passant sur une poulie, est accrochée à l'émerillon. Un ouvrier engage alors l'extrémité du fil métallique autour de la corde, tout près de l'émerillon, et imprime au rouet un mouvement toujours uniforme. La corde se met aussitôt à tourner en faisant exécuter le même mouvement à l'émerillon, et, pendant que l'ouvrier la soutient de la main gauche, il dirige de la main droite le fil métallique de manière à ce qu'il s'enroule et s'applique sur elle avec la plus parfaite régularité. Dans les grands établissements, cette opération s'exécute aujourd'hui au moyen d'une machine ingénieuse qui, mue par la vapeur, fait tourner la corde quatorze ou quinze mille fois par minute.

CHAPITRE VI.

Cordes napolitaines.

Nous ne terminerons pas cet exposé de la fabrication des cordes harmoniques sans réfuter la croyance où sont encore beaucoup de personnes, que les cordes napolitaines sont supérieures à celles des autres pays. Si cette supériorité a existé autrefois, ce qui est incontestable, il est certain qu'elle a disparu depuis plus de trente ans. Les cordes qu'on fait aujourd'hui en France, surtout à Paris, sont même supérieures à celles d'Italie, et, en outre, elles ont l'avantage de coûter moins cher. Les chanterelles seules laissent quelquefois à désirer, et nous allons en dire la raison.

Le mérite des chanterelles de Naples n'est pas dû, comme on l'a cru pendant longtemps, soit à des secrets de fabrication, soit à la petite taille des animaux qui fournissent la matière première, soit à la nature des eaux dans lesquelles on fait tremper les boyaux, soit enfin à la sécheresse et à la chaleur élevée du climat. Elle provient uniquement, dit M. Boquillon, du goût presque exclusif des Napolitains pour la chair d'agneau, et pour la satisfaction desquels les bouchers sont obligés de tuer les moutons dans la première année. Les fabricants de cordes harmoniques doivent à cet usage de pouvoir s'approvisionner de boyaux ayant un faible diamètre, par conséquent propres à faire des chanterelles.

C'est à Pâques que les bouchers italiens commencent à tuer les agneaux et que les fabricants de cordes commencent aussi leur travail. Mais les animaux étant alors trop jeunes, il en résulte que leurs intestins sont mous et manquent de consistance. Ces derniers sont bons cependant pour faire de grosses cordes, mais les chanterelles qu'on en fabrique ne valent rien, malgré leur apparence, qui est fort belle, parce qu'elles sont trop poreuses et ne pèsent pas assez. Les chanterelles parfaites se font aux mois de juin, juillet, août et septembre, partie de l'année où les boyaux ont acquis la grosseur et les qualités les plus convenables. La fabrication cesse après octobre, c'est-à-dire quand les boyaux sont devenus trop gros, et ne recommence que l'année suivante, lorsqu'une nouvelle génération est venue remplacer celle qui a disparu.

La cause de la supériorité des chanterelles napolitaines une fois connue, il semble que, pour en fabriquer partout de semblables, il eût suffi de choisir l'époque dans laquelle les boyaux sont dans les meilleures conditions. Un obstacle bien simple s'est opposé et s'oppose même encore, dans plusieurs pays, à la réalisation de ce progrès : c'est l'usage où l'on y est de ne livrer à la consommation que des moutons parvenus à toute leur croissance. Dans d'autres pays, en France notamment, les droits d'octroi ont, pendant très-longtemps, produit le même résultat. En effet, dans la plupart de nos villes, les moutons payant l'entrée par tête, les bouchers, qui se souciaient fort peu de la question des chanterelles, n'achetaient que des moutons réellement adultes, ce qui les mettait, par conséquent, dans l'impossibilité de fournir au commerce des boyaux parfaitement propres à la fabrication de ces cordes. Mais, depuis 1855, les choses ont changé, parce que des modifications introduites, à Paris et ailleurs, dans la perception de l'impôt sont venues permettre à ces industriels de tuer des moutons très-jeunes. Nos fabricants de cordes harmoniques peuvent donc aujourd'hui faire des chanterelles aussi bonnes que celles de Naples, et ils y parviennent sans peine. Au reste, avant la réforme des droits d'octroi, ils réussissaient, quand ils le voulaient, à en fabriquer d'excellentes en se servant des intestins de moutons d'une espèce de petite taille qu'on trouve dans les montagnes de plusieurs de nos anciennes provinces, notamment en Auvergne, dans le Berry et dans le Forez.

Nous ne terminerons pas sans rappeler le fait si connu de la dégénérescence actuelle des chanterelles de Naples. C'est qu'autrefois, quand les Napolitains avaient le monopole des cordes harmoniques, ils ne faisaient que des secondes ou des troisièmes pendant les premiers mois qui suivent Pâques, époque à laquelle, ainsi que nous l'avons dit, leurs boyaux ne peuvent servir à faire de bonnes chanterelles, et ils réservaient les autres mois à la fabrication de celles-ci, qui, grâce à cette circonstance, se trouvaient toujours excellentes. Mais, depuis que les fabricants français sont arrivés à fournir les grosses cordes à meilleur marché et de meilleure qualité, ne pouvant lutter avec des concurrents si redoutables, ils se sont décidés à ne faire, pour l'exportation, que des chanterelles. La préparation de ces cordes a donc lieu aujourd'hui pendant tout le temps qui suit Pâques, d'où il résulte que lorsqu'on reçoit des chanterelles napolitaines, il y en a nécessairement dans le nombre de bonnes et de mauvaises, souvent même elles sont toutes mauvaises, parce que, si l'acheteur n'est pas bien connu du fabricant, celui-ci compose l'envoi de cordes faites au commencement de la fabrication.

CHAPITRE VII.

Appendice. — Cordes diverses.

Indépendamment des cordes harmoniques, la plupart des fabricants font aussi les *cordes des rémouleurs*, dites *des Lorrains*, les *cordes à raquettes*, les *cordes à fouets*, les *cordes pour les chapeliers* et les *cordes pour les horlogers*. A l'exception des premières, pour lesquelles on emploie le plus souvent les intestins de cheval, toutes ces cordes se préparent avec les intestins de mouton.

§ 1. *Cordes des rémouleurs.*

Ces cordes sont employées, non-seulement par les rémouleurs, mais encore par les polisseurs et les tourneurs. Comme nous venons de le dire, elles se préparent le plus souvent avec les intestins de cheval.

Les intestins sont fournis par les équarrisseurs (1). A leur arrivée à la fabrique, ils sont souvent en pleine putréfaction. On commence par les laver avec soin, afin de les débarrasser des

(1) Voyez le *Manuel de l'Équarrisseur*, de l'*Encyclopédie-Roret*, qui fait partie du *Manuel du Charcutier*.

matières fécales et des autres saletés qui les souillent toujours plus ou moins. Ensuite, on les attache par un bout à une agrafe fixée sur un poteau, à une hauteur convenable, et, soutenant de la main gauche la partie qui pend, on la ratisse, de la main droite, avec la lame d'un couteau, afin d'en détacher le tissu graisseux et une portion de la membrane péritonéale.

Une fois dégraissés, les intestins sont jetés dans une cuve à moitié pleine d'eau, et l'on procède à leur *invagination* ou *retournage*. A cet effet, une des extrémités de l'intestin à travailler est saisie par la main droite de l'ouvrier, qui, en même temps, y introduit le pouce à une profondeur d'environ 5 centimètres. Pressant alors ce pouce avec l'index et le médian de la même main, l'ouvrier, avec la main droite, fait recouvrir les deux doigts par le boyau, qu'il retourne, et les plonge aussitôt dans l'eau, en ayant soin de les écarter et de les tenir bien perpendiculairement. L'eau, qui entre dans l'intestin par suite de l'écartement des doigts, fait, par son poids, glisser la partie supérieure, et, au moyen d'un léger mouvement de la main et d'une nouvelle quantité d'eau qu'on introduit de temps en temps, l'intestin se trouve très-promptement retourné.

Après le retournage, on met les intestins dans un tonneau contenant, pour quinze à vingt boyaux, environ 20 litres d'eau et 500 grammes d'eau de javelle à 13 ou 18°. On les laisse dans ce bain pendant dix à douze heures, après lesquelles on les ratisse.

Le *ratissage* a pour objet de séparer la membrane muqueuse. Il suffit, pour l'opérer, de saisir l'intestin par un bout avec la main gauche, en appuyant dessus avec l'ongle du pouce, puis de le tirer avec la main droite. L'action exercée par l'ongle achève de détruire l'adhérence de la membrane, qu'une simple agitation dans l'eau détache ensuite complétement.

Quand les boyaux sont ratissés et lavés, on les prend par un bout, et l'on y fait entrer une boule de bois qui termine un piquet fixé verticalement sur un établi, et à la base de laquelle sont implantées quatre lames tranchantes disposées en croix. Les choses étant dans cet état, il est évident qu'en tirant l'intestin en bas, il doit être nécessairement partagé par ces lames en quatre lanières ou bandes égales.

Ce sont ces lanières qui servent à faire les cordes. Suivant la grosseur qu'on veut donner à celles-ci, on en prend de quatre à huit, et on les attache, par un nœud particulier, à un bout de grosse ficelle préparée à cet effet, et nommée *lacet*. On passe le bout de cette ficelle dans une cheville introduite dans un trou pratiqué sur un poteau très-solide, garni de chevilles. A une distance d'environ 10 mètres, est placé un poteau, semblable au précédent, également garni de chevilles, sur l'une desquelles on passe les lanières.

On se rapproche du premier poteau, et l'ensemble des lanières est attaché à un nouveau lacet qu'on enfile à la cheville dont il a été fait mention. C'est ce premier travail qu'on nomme *ourdissage*. On coupe les lanières, et on les attache de la même manière que ci-dessus, si elles sont assez longues, ce qui arrive le plus souvent, attendu que les bouts sont recousus avec de la filandre, après les avoir préalablement coupés en biais et disposés de manière à ce que la couture ne les rende pas d'épaisseur inégale. Si elles sont assez longues, disons-nous, on fait une seconde longueur, jusqu'à ce qu'on ait employé tout le boyau.

Dès que ce travail est terminé, l'ouvrier place convenablement le rouet et passe dans le crochet de l'émérillon la ficelle qui tend la corde ourdie; il met un second lacet, si le rouet est suffisamment fort; il donne quelques tours à la roue, au moyen de la manivelle, et place sur une cheville la corde déjà tordue. Il opère de la même manière sur chacune des cordes ourdies. Ensuite, il passe la main, en pressant convenablement, sur la corde, à partir du rouet, et coupe avec son couteau les filandres qui ne font pas corps avec la corde. Celle-ci ne diminue pas en longueur par la dessiccation, attendu qu'elle est toujours ramenée à la même dimension par les chevilles. Après quelques heures, on remet les cordes au rouet pour les tordre une seconde fois. Environ quinze heures après, on les prend l'une après l'autre, on enfile le lacet à une cheville qu'on tourne dans la main, le rouet n'étant pas ordinairement assez solide. Quand ce tordage est terminé, on les frotte avec une corde en crin, mouillée, et dont on fait un paquet qui les entoure et qu'on tient entre les mains : c'est-ce qu'on nomme *étricher*, comme nous l'avons dit plus haut. Trois heures après, on fait un troisième tordage, et l'on étriche fortement, après avoir remis les cordes à la cheville, placée de nouveau au poteau.

Si, par cas, la corde étant séchée et tordue, ne se trouve pas bien unie, on la rend telle en la frottant avec de la peau de chien. Cette opération devient inutile, si l'on a passé la corde en crin un nombre de fois suffisant. Il est des fabricants qui passent ces cordes au soufrage; le plus grand nombre ne les soumet pas à cette opération : ils se contentent de les faire sécher. Enfin, on coupe les cordes aux deux bouts, près du lacet, on les ploie en rond et on les livre au commerce.

§ 2. *Cordes à raquettes.*

Ces cordes sont les plus communes de toutes celles qui se préparent avec les intestins de mouton. On les fait, soit avec ceux qui ont fermenté, soit avec ceux de la plus mauvaise qualité.

On prend les boyaux après qu'ils ont été vidés, lavés, dégraissés, ratissés, mis dans l'eau de potasse et passés au dé, quelquefois même après qu'ils ont été seulement vidés, lavés et dégraissés. On les coupe en biais, s'ils sont en plusieurs morceaux, et, pendant qu'ils sont encore mouillés, on les coud avec de la filandre, en ayant soin de mettre un biais au-dessus et l'autre au-dessous, afin que les coutures ne rendent point la corde inégale. On ourdit ensuite comme nous l'avons dit en parlant des cordes des rémouleurs, après quoi, on prend deux, trois ou quatre boyaux, suivant la grosseur de la corde qu'on veut obtenir, et on les attache à un lacet. On continue de les attacher de la même manière en mettant toujours un lacet, et, pour que l'intestin ne puisse glisser, on lui fait faire deux tours sur la cheville qui est vis-à-vis de chaque lacet.

Les attaches terminées, on met un des lacets au crochet de l'émérillon du rouet : on en met même deux ou trois autres et l'on donne quelques tours de manivelle. Le tordage fait raccourcir la corde, mais on la ramène à sa longueur primitive en tirant par le lacet, qu'on enfile à la cheville supérieure. Lorsque celle-ci est garnie, on promène la main sur la corde à partir du rouet, afin, non-seulement d'en chasser l'humidité, mais encore d'en rendre la torsion égale d'un bout à l'autre. Enfin, on effectue un second tordage une ou deux heures après le premier, et l'on procède à l'étrichage.

La corde étrichée, on la met en couleur. Pour cela, on enlève une des chevilles qui enfilent les lacets, on ploie la corde autour, puis, après l'avoir réunie à la cheville opposée, on met le tout dans du sang de bœuf. Au bout de quelques minutes d'immersion, on retire la corde et on la tord de nouveau jusqu'à dessiccation complète. Très-souvent, on opère la mise en couleur avant l'ourdissage. Dans tous les cas, quand la corde est teinte, on la polit en la frottant une seconde fois avec la corde de crin. Il ne reste plus alors qu'à la ployer en rond et à la livrer à la consommation.

Il y a des cordes à raquettes de plusieurs qualités. Les plus belles sont faites avec plusieurs boyaux entiers, les autres avec un seul boyau et deux ou trois filandres. Quant au travail, il ne diffère qu'en ce qu'il est plus soigné pour les premières.

§ 3. *Cordes à fouets.*

Elles se font avec les intestins de seconde qualité. Ces intestins ayant été vidés, lavés, ratissés, passés à l'eau de potasse, sont coupés en biais et cousus avec de la filandre, toujours de manière que les coutures ne puissent former des inégalités d'épaisseur. On ourdit ensuite la corde et l'on tord chaque bout séparément, car il est rare qu'on fabrique des cordes à fouets à deux brins, c'est-à-dire à deux boyaux. Après le tordage, on passe au soufre, tantôt deux fois, tantôt une fois seulement. Enfin, on étriche et on fait sécher. Après la dessiccation, les cordes sont coupées par les bouts, et ployées par grosses pour être livrées aux fabricants de fouets.

Les cordes à fouets sont quelquefois teintes de différentes couleurs. On les met en noir avec l'encre ordinaire, en rose avec l'encre rouge, que l'acide sulfureux fait virer au rose, etc. Ces teintes se donnent avant le soufrage.

§ 4. *Cordes pour chapeliers.*

Ces cordes sont également connues sous le nom d'*arçons*. Elles exigent beaucoup plus de soins que toutes les autres. Pour les fabriquer, on choisit les intestins les plus gros et les plus longs.

Après avoir nettoyé, ratissé, passé à la potasse les intestins, on les ourdit par 4, 6, 8, 10 ou 12, suivant la grosseur que l'on veut donner à la corde, laquelle a généralement de 5 à 8 mètres de longueur.

Pendant et après l'ourdissage, on tient le rafraîchi sous la corde, afin qu'elle ne se salisse point en touchant à terre. On sait qu'on appelle ainsi une caisse très-longue et très-étroite, qui est munie d'un rebord de quelques centimètres.

Les arçons ne doivent présenter ni nœuds, ni coutures. Aussi, en ourdissant, l'ouvrier commence par joindre avec un lacet tous les bouts qui doivent former la corde, et attache ce lacet à la première cheville. Si quelques boyaux ne se trouvent pas assez longs pour arriver à la seconde cheville, il passe un autre bout de boyau dans chacun de ceux qui sont trop courts. Enfin, il lie tous les bouts avec un lacet, qu'il place sur la cheville.

Quand l'ourdissage est achevé, on applique la corde au rouet et on la tord à plusieurs reprises en l'étrichant, chaque fois, avec soin. En outre, lorsqu'elle est demi-sèche, on la soufre deux fois. Enfin, on la polit avec la corde de crin, on la fait sécher tendue, on la coupe aux deux bouts et on la ploie par grosses.

§ 5. *Cordes pour horlogers.*

Comme cette qualité de cordes diffère des précédentes par leur peu de grosseur, ou plutôt comme elles doivent être très-minces, on fait choix des très-petits intestins, et plus souvent des boyaux coupés longitudinalement en deux, au moyen d'un couteau en forme de lance ayant à sa pointe une petite boule en bois ou en plomb, à l'instar des boules de cire que les chirurgiens mettent au bout des bistouris dans certaines opérations. Les deux lanières que l'on obtient ainsi en fendant des boyaux avec les tranchants opposés de cette lance sont très-égales; on les travaille avec soin à l'eau de potasse.

Les horlogers font également usage de cordes de différentes grosseurs, que l'on fabrique de la même manière que les cordes harmoniques, mais moins soigneusement.

Depuis quelques années, les fabricants de cordes harmoniques ont fait de nombreux efforts pour étendre le domaine de leur industrie. L'innovation la plus remarquable qui ait eu lieu dans cette voie est probablement celle de M. H. Savaresse pour rendre les boyaux de mouton propres à la confection des fleurs artificielles. Ce que nous allons en dire est extrait presque textuellement d'un rapport lu par M. le docteur Duchesne à la *Société d'Encouragement*.

Les boyaux destinés à la fabrication des fleurs artificielles réclament quelques préparations particulières qui sont inutiles dans celle des cordes harmoniques.

Quand ils ont été bien nettoyés dans les lessives alcalines, on les met dans le soufroir pendant cinq à six jours; puis, au moment de les employer, on les trempe, pendant cinq à six minutes, dans une solution d'acide citrique ou d'acide tartrique, qui leur donne une couleur blanche d'un beau brillant. Si l'on veut qu'ils soient d'un blanc mat, on les met en contact, pendant le même temps, avec une légère dissolution d'alun.

Les boyaux ainsi préparés peuvent être teints de différentes manières :

En jaune, avec l'acide picrique, la gomme-gutte, la gaude, la graine d'Avignon;

En vert, avec l'indigo et l'acide picrique;

En bleu, avec l'indigo;

En rouge, avec le carmin;

En rose, avec le carmin et une légère dissolution de crème de tartre.

Après la teinture, on procède à l'opération du *soufflage*.

A cet effet, dans une étuve chauffée à 60° et bien éclairée, on dispose, sur des bâtons placés de distance en distance dans les murs, un boyau qui peut avoir une longueur de 25 à 35 mètres.

Le gros bout de ce boyau est placé sur le tube en fer d'un fort soufflet, qui traverse la cloison de l'étuve et dont le corps se trouve dans une autre pièce, afin que l'ouvrier puisse le faire fonctionner lentement, sans être exposé, pendant de longues heures, à une chaleur insupportable.

Un tube recourbé communique d'un bout dans l'étuve et de l'autre au corps du soufflet, de manière à n'envoyer que de l'air chaud dans le boyau et à obtenir une dessiccation plus rapide.

Enfin, un châssis vitré et dormant, qui est fixé dans la cloison, au-dessus du soufflet, permet à l'ouvrier de voir comment s'opère l'insufflation.

En général, il suffit de dix à douze minutes pour dessécher et distendre un boyau humide, et l'amener au degré de ténuité nécessaire. On peut alors le découper de mille manières pour faire des feuilles, des fleurs et surtout des fruits, dont la délicatesse, la légèreté et la solidité ne laissent rien à désirer.

TABLE DES MATIÈRES.

PREMIÈRE PARTIE.

FABRICATION DES VIOLONS.

	Pages.
CHAPITRE Ier. Du violon et de ses rapports avec les autres instruments à archet, tels que l'alto, la basse ou violoncelle et la contre-basse.	3
CHAP. II. Des bois employés pour la lutherie.	7
CHAP. III. Description des outils servant à la construction des instruments à archet.	12
CHAP. IV. Des modèles servant à donner la forme nécessaire aux différentes parties du violon. Manière de confectionner ces modèles.	23
CHAP. V. Du moule et de ses accessoires.	31
CHAP. VI. Des éclisses; manière de les façonner, de les plier et de les fixer aux tasseaux et aux coins par le moyen du moule et des contre-parties.	36
CHAP. VII. Du fond de l'instrument et de la manière de le confectionner.	45
CHAP. VIII. De la table de l'instrument. De la manière de la confectionner et de percer les *ff*.	53
CHAP. IX. Des épaisseurs de la table et du fond. Emplacement de la barre et ses proportions. Manière de la coller avec la table.	56

Chap. X. Du manche. Manière de le confectionner. 70

Chap. XI. De la touche. Manière de la confectionner.. 76

Chap. XII. Placement du manche. Manière de le fixer dans le tasseau. Renversement. . . . 78

Chap. XIII. Du placement de la touche sur le manche. Du grand et du petit sillet, et manière de les confectionner. 83

Chap. XIV. Des dispositions à prendre pour préparer l'instrument à recevoir le vernis. . . . 86

Chap. XV. De l'application des vernis et de la manière de les polir. 87

Chap. XVI. De l'âme, des chevilles, du chevalet et autres accessoires du violon. Manière de le monter, et enfin de l'amener au point d'être joué. 90

Chap. XVII. Explication de quelques différences existant dans le travail des alto, basses et contre-basses comparé à celui du violon. 96

Chap. XVIII. Des couleurs et des vernis. . . . 99

Chap. XIX. Nouveau moyen de tracer un beau modèle de violon sans avoir besoin d'autre chose que d'une règle et d'un compas. . . . 120

Chap. XX. Réparation des vieux instruments. . 130

Chap. XXI. De la colophane. Qualités qu'elle doit posséder, et manière de la faire. 137

Chap. XXII. Essai sur les instruments à archet. 151

DEUXIÈME PARTIE.

FABRICATION DES GUITARES.

Chapitre Ier. De la guitare. 151

Chap. II. Du moule et de ses accessoires. . . . 153

Chap. III. Des éclisses; manière de les confectionner, de les plier et de les fixer aux tasseaux par le moyen du moule et de ses contre-parties. 156

Chap. IV. Manière de s'y prendre pour monter le moule de ses tasseaux, de ses éclisses et de ses contre-éclisses. 158

Chap. V. Du fond; manière de le confectionner, de le barrer et de le mettre d'épaisseur pour le coller ensuite avec les éclisses. 161

Chap. VI. De la table; manière de la confectionner, de la barrer, de la mettre d'épaisseur, et enfin de la coller avec le corps de l'instrument. 166

Chap. VII. Des bords et des filets de la guitare. De la rosette. Manière de façonner et de poser ces différentes pièces. Description de deux nouveaux outils particuliers à la confection de la guitare. 169

Chap. VIII. Du manche et de son chevillier. Manière de confectionner ces deux pièces. . . . 177

Chap. IX. De la réunion du manche au corps de la guitare. Manière de poser la touche et le sillet. Confection du chevalet. 182

Chap. X. Disposition des tons sur le manche de la guitare. Hauteur du sillet et du chevalet. Élévation des cordes sur la table et le manche. Description d'un nouvel outil. 185

TROISIÈME PARTIE.

FABRICATION DES ARCHETS.

Chap. Ier. De l'archet. 189

Chap. II. Des outils servant à la fabrication des archets. 191

Chap. III. Des modèles, manière de les confectionner. 198

Chap. IV. Manière de s'y prendre pour refendre le morceau de bois destiné à fournir les baguettes d'archets. 200

Chap. V. De la hausse. Manière de la confectionner. 208

Chap. VI. Comment on finit chaque pièce de l'archet. Manière de polir et vernisser ces différentes pièces. 215

Chap. VII. Manière de fixer les crins à l'archet et de l'amener au point de s'en servir. . . . 218

QUATRIÈME PARTIE.

FABRICATION DES CORDES HARMONIQUES.

Chap. Ier. Introduction. 221

Chap. II. Matières premières des cordes harmoniques. 226

Chap. III. Fabrication des cordes harmoniques. 228
    1° Vidage. 228
    2° Premier trempage. 229
    3° Ratissage. 229
    4° Deuxième trempage. 231
    5° Triage. 232
    6° Refendage. 233
    7° Filage. 234
    8° Soufrage. 235
    9° Etrichage. 236
    10° Polissage. 238
    11° Apprêtage. 238

Chap. IV. Signes extérieurs de la bonté des cordes. 241

Chap. V. Cordes teintes, cordes de soie, cordes filées. 243
    § 1. Cordes teintes. 243
    § 2. Cordes de soie. 244
    § 3. Cordes filées. 245

Chap. VI. Cordes napolitaines. 247

Chap. VII. Appendice. — Cordes diverses. . . 251
    § 1. Cordes des rémouleurs. 251
    § 2. Cordes à raquettes. 255
    § 3. Cordes à fouets. 257
    § 4. Cordes pour chapeliers. 258
    § 5. Cordes pour horlogers. 259

FIN DE LA TABLE DES MATIÈRES.

BAR-SUR-SEINE. — IMP. SAILLARD.

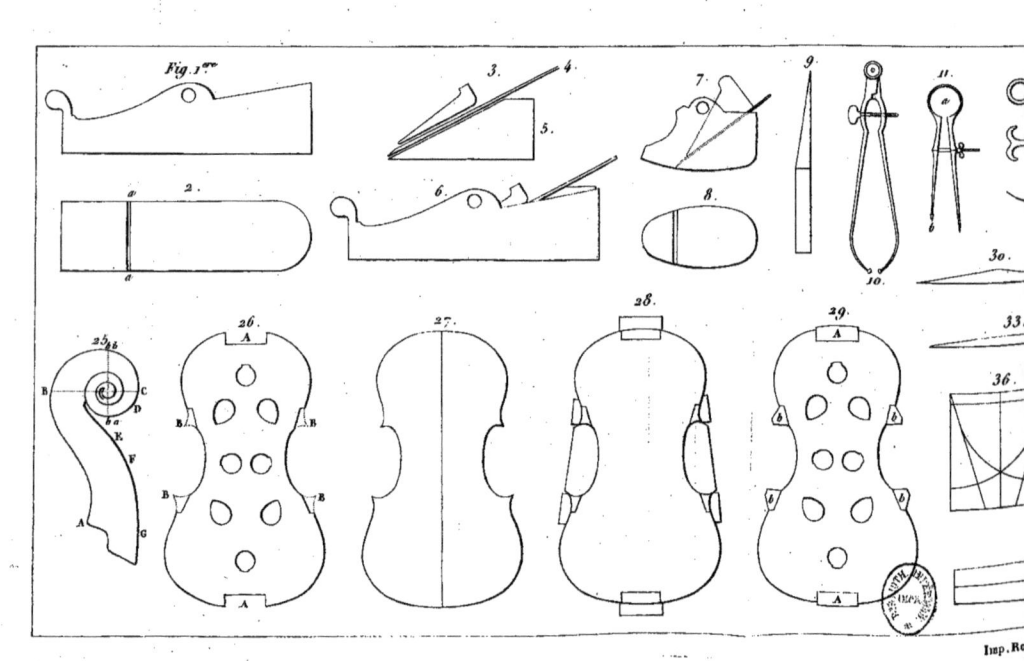

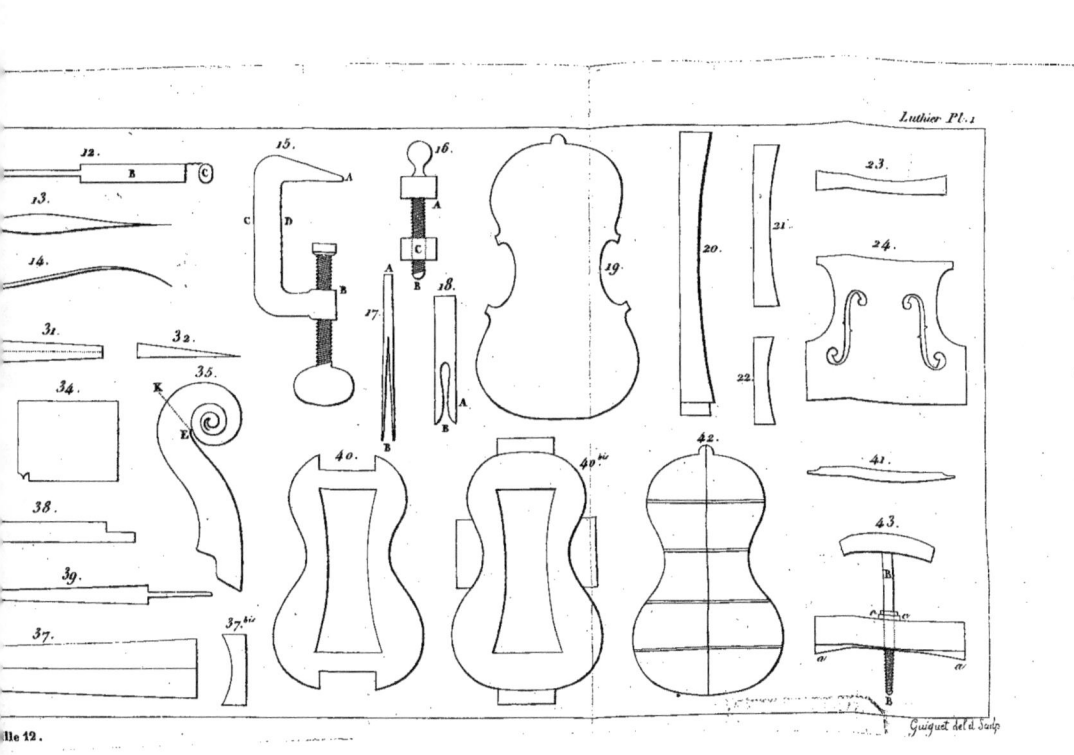

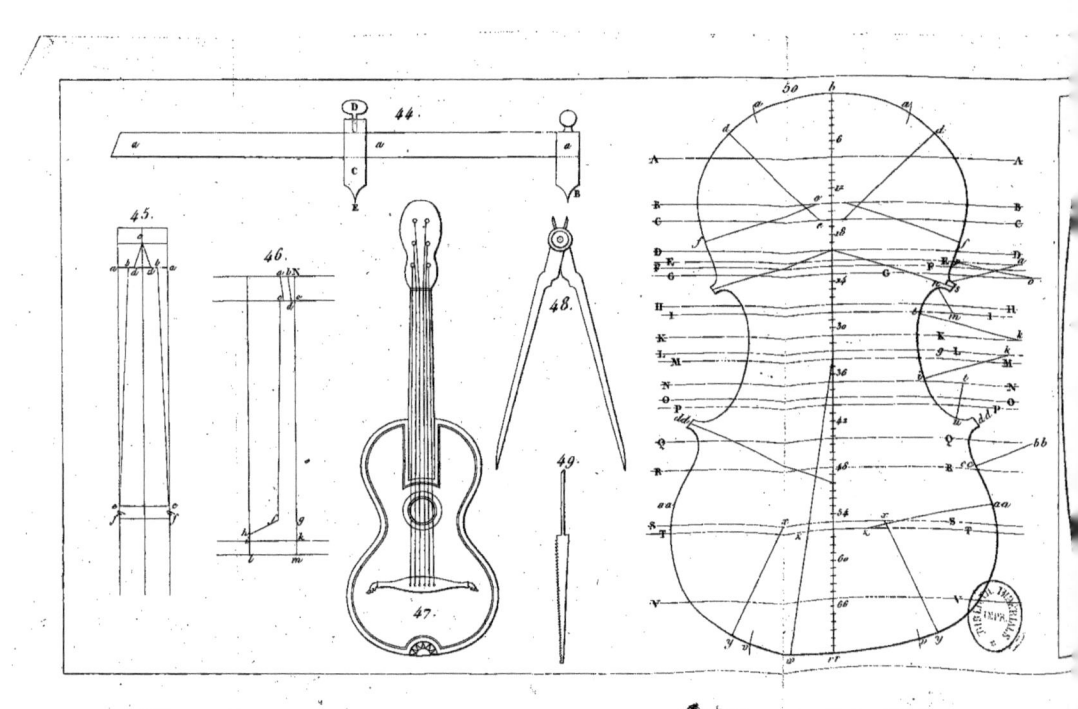

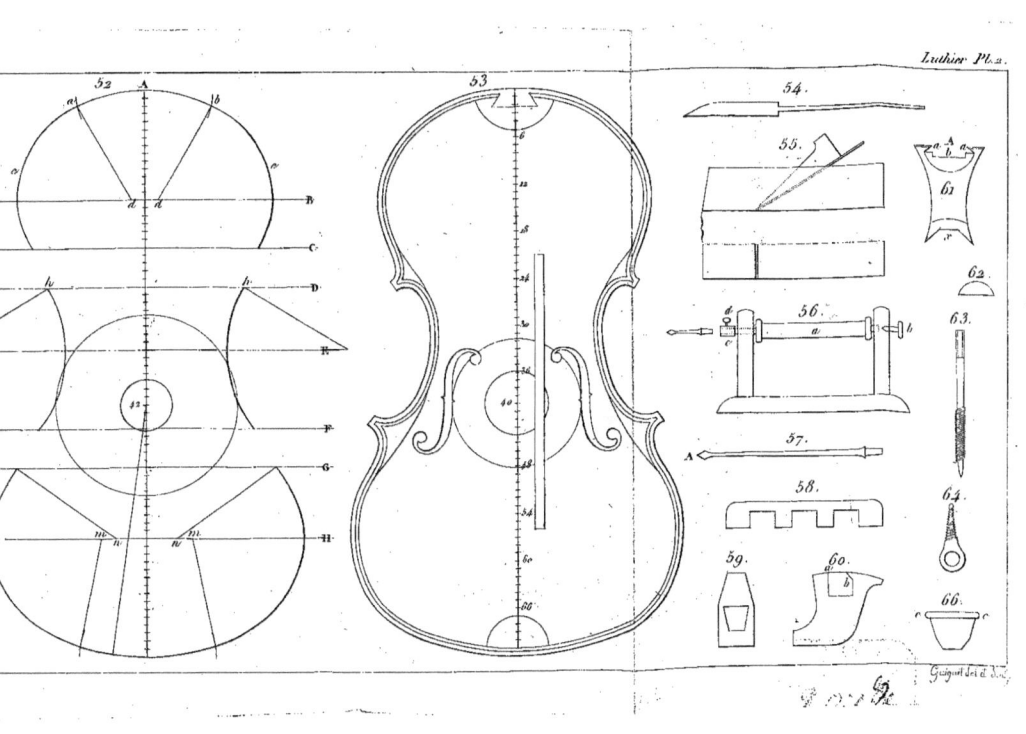

Luthier Pl. 2.